# ALÉM DA RENTABILIDADE

## Do BÁSICO ao EXTRAORDINÁRIO

Rodolfo Ceppas Bastos

# ALÉM DA RENTABILIDADE

## Do **BÁSICO** ao **EXTRAORDINÁRIO**

o caminho para se tornar um assessor financeiro **indispensável**

ACTUAL

Rio de Janeiro, 2025

# Além da rentabilidade



Actual é um selo da Editora Almedina Brasil do Grupo Editorial Alta Books (STARLIN ALTA EDITORA E CONSULTORIA LTDA).



ISBN: 978-65-834-0027-7

Impresso no Brasil — 1ª Edição, 2025 — Edição revisada conforme o Acordo Ortográfico da Língua Portuguesa de 2009.

Dados Internacionais de Catalogação na Publicação (CIP)

B328a

1.ed.- Bastos, Rodolfo Ceppas.

**Além da rentabilidade: do básico ao extraordinário: o caminho para se tornar um assessor financeiro indispensável** / Rodolfo Ceppas Bastos. - Rio de Janeiro: Actual, 2025.

160 p.; 15,7 x 23 cm.

ISBN 978-65-834-0027-7

1. Finanças pessoais. 2. Assessoria financeira. 3. Relacionamento com clientes. 4. **Viés** comportamental. **I. Título.**

CDD 332.024

**Índice para catálogo sistemático:**

1. Finanças pessoais e assessoria financeira - 332.024



**Almedina Brasil é uma Editora do Grupo Editorial Alta Books**

Produção Editorial: Grupo Editorial Alta Books
Diretor Editorial: Anderson Vieira
Vendas Governamentais: Cristiane Mutüs
Produtora Editorial: Luna Bolina

Revisão Gramatical: Carlos Bacci e Renan Amorim
Diagramação: Lucia Quaresma
Capa: Rita Motta

ALTA BOOKS
GRUPO EDITORIAL

Rua Viúva Cláudio, 291 — Bairro Industrial do Jacaré
CEP: 20.970-031 — Rio de Janeiro (RJ)
Tels.: (21) 3278-8069 / 3278-8419
www.altabooks.com.br — altabooks@altabooks.com.br
Ouvidoria: ouvidoria@altabooks.com.br

Editora afiliada à:

ASSOCIADO

# Sumário

# AGRADECIMENTOS

Escrever este livro foi uma jornada de reflexão, aprendizado e crescimento, e nenhuma jornada dessas acontece sozinha.

Nada disso faria sentido sem minha família, meu verdadeiro alicerce. Meus filhos, Betina e Enrico, são as maiores inspirações da minha vida. Eles me ensinaram, sem sequer perceber, o significado mais profundo da palavra "amor". Com eles, aprendi que sucesso algum vale a pena se não houver equilíbrio entre vida pessoal e profissional. Cada risada, cada conversa e cada momento ao lado deles me tornaram um homem melhor, mais consciente, mais maduro e, acima de tudo, mais humano.

E ao meu lado, em cada passo dessa jornada, está Rafaella, minha esposa, minha parceira, minha fortaleza. Se dizem que ao lado de um homem realizado sempre há uma grande mulher, posso afirmar com toda certeza: sou um homem abençoado por ter a melhor ao meu lado. Rafaella é aquela presença que me dá forças nos momentos de incerteza, que acredita em mim quando eu mesmo duvido, que me incentiva a ir além e, ao mesmo tempo, me lembra da importância de viver o presente. Ela é a melhor mãe que nossos filhos poderiam ter, um exemplo de amor, dedicação e generosidade, além de ser minha gata e maravilhosa por dentro.

Muito do que está escrito neste livro só foi possível porque tive a liberdade de arriscar, viver e aprender — e essa liberdade só existiu porque eu sempre soube que, acontecesse o que acontecesse, teria um lar para onde voltar. Rafaella e nossas crianças são meu porto seguro, minha maior conquista e a razão pela qual tudo o que construo tem um propósito muito maior do que eu mesmo.

Ao meu pai, Cláudio, um verdadeiro exemplo de carisma, positividade e perseverança. Seu amor pela vida e resiliência é uma das maiores lições que levo comigo. À minha mãe, que hoje brilha como uma estrela no céu, iluminando e abençoando cada passo que dou. Sei que meus valores e meu caráter são um reflexo direto de tudo que aprendi com ela.

Meus irmãos, mais do que amigos, também uma fortaleza inabalável. Nossa união incondicional é algo que levo com orgulho no peito. E com os sobrinhos maravilhosos com que me presentearam, junto com meus cunhados, a família só ficou ainda mais especial.

Mas a gratidão não se limita apenas a quem esteve ao meu lado nos bons momentos. Sou igualmente grato aos desafios, aos obstáculos e às dificuldades que testaram minha resiliência e me moldaram como profissional e como ser humano. Sempre acreditei que inteligência emocional é tão — ou até mais — importante do que inteligência cognitiva, e saber enxergar cada adversidade como um aprendizado foi fundamental na minha trajetória.

Um agradecimento especial a todos os sócios da GAP Asset, onde passei 15 anos da minha vida. Entre conquistas e desafios, carrego uma gratidão enorme por terem acreditado em mim e por terem dado o aval, em 2007, para que eu iniciasse um projeto de Wealth Management, mesmo quando não era o core business da empresa. Esse voto de confiança foi determinante para tudo que veio depois.

E, claro, um agradecimento especial à **XP Investimentos**, uma empresa pela qual sinto imenso orgulho e gratidão. Foi dentro dessa estrutura que vivi alguns dos desafios mais intensos e enriquecedores da minha carreira. A XP me proporcionou não apenas crescimento profissional, mas também um ambiente de alta performance, onde aprendi a importância da execução, da resiliência e do pensamento estratégico.

Tive a oportunidade única de atuar em diferentes frentes, encarar desafios complexos e me reinventar constantemente. Foi nessa jornada que expandi minha visão de negócios, ampliei meu conhecimento sobre o mercado global e pude, inclusive, ter a experiência de trabalhar fora do Brasil, acumulando aprendizados que carrego até hoje.

Meu reconhecimento vai, especialmente, para **Beny Podlubny**, **Gabriel Leal**, **Guilherme Benchimol**, **Caio Peres** e **Bruno Ballista** — cinco profissionais e amigos que sempre acreditaram em mim e me deram a liberdade e a confiança para entregar meu melhor.

Por fim, obrigado a você, leitor, por embarcar comigo nesta jornada. Espero que este livro traga insights valiosos para sua trajetória e que, de alguma forma, contribua para o seu crescimento.

Nos vemos pelo caminho!

# PREFÁCIO

A história da XP começou com um objetivo claro: transformar o mercado financeiro brasileiro e a forma como a população investe. Desde o início, acreditamos que cursos e treinamentos são ferramentas essenciais. Ao oferecer conhecimento e capacitação, tanto para nossos clientes quanto para futuros assessores de investimentos, buscamos empoderar profissionais e criar uma nova geração de assessores focados na qualidade dos investimentos. Desde então, a XP cresceu e se consolidou como uma das maiores instituições financeiras do Brasil, mantendo firme o compromisso de levar valor e conhecimento à nossa rede.

É gratificante ver iniciativas como a do meu sócio, Rodolfo Bastos. Nos últimos anos, Rodolfo conduziu um *roadshow* por nossa rede de escritórios, impactando a maneira como nossos assessores interagem com seus clientes. O conteúdo e os resultados desse trabalho são notáveis. Ele promoveu uma transformação significativa, não apenas em técnicas de captação e retenção, mas também na abordagem dos nossos profissionais. Esse treinamento — ou, como Rodolfo gosta de chamar, "conversas de boas práticas" — vai além da simples transmissão de informações: ele ensina a colocar o cliente no centro das atenções, a construir relacionamentos duradouros e a transformar o básico em uma experiência de excelência.

Rodolfo trouxe uma vasta experiência no atendimento ao cliente sofisticado, com décadas de atuação no *Private* e no *offshore*. Este livro, no entanto, é mais do que isso. É uma ferramenta valiosa para qualquer assessor que deseja aprimorar suas habilidades e elevar o padrão de sua assessoria. A essência do que Rodolfo compartilha é a qualidade do atendimento e a construção de relacionamentos sólidos, tanto com clientes atuais quanto com potenciais.

Ele nos ensina a utilizar a forma de pensar do cliente a nosso favor, explorando os sistemas sensoriais e os vieses comportamentais de maneira prática e acessível. Além disso, Rodolfo destaca a importância de ter metas claras e disciplina na execução, lembrando que "não acordamos motivados todos os dias; por isso, a disciplina é fundamental".

O sucesso desse treinamento reforça uma verdade na qual sempre acreditamos, a de que o conhecimento transforma. Estamos testemunhando isso com resultados expressivos nas captações e na maneira como nossos assessores trabalham.

Que você aproveite cada página deste livro, que é um verdadeiro manual para quem deseja se tornar um assessor de excelência, e se inspire a implementar essas lições em seu dia a dia, assim como muitos outros já fizeram.

Guilherme Benchimol

*Fundador e Presidente do Conselho de Administração da XP Inc.*

# INTRODUÇÃO

> ***Preserve e priorize sempre seus valores; no médio prazo, você nunca se arrependerá. Humildade e respeito ao próximo deverão sempre ser prioridades, e isso é inegociável.***

Meu principal objetivo com este livro é transmitir a importância de compreender que o sucesso profissional depende das relações interpessoais. Saber se relacionar e interpretar o outro é fundamental, e no caso específico de um assessor financeiro e *financial advisory*, significa ir além de simplesmente vender um produto ou prometer rentabilidade. Compreendendo isso, você prosperará.

*Se você é um empresário e quer contratar/agradar um novo executivo, ou é um líder comercial e quer contratar/potencializar um assessor financeiro, ou é um assessor e tem como meta e objetivo conquistar um novo cliente ou melhorar a relação com seus atuais, aqui vai uma sugestão fundamental e primordial: por trás de cada um desses executivos, assessores e clientes existe um ser humano.*

*Se você tiver empatia e conquistar-lhe o coração, obterá sucesso. (1) O ser humano é vaidoso, e a tática de captar é fazer o cliente se sentir prestigiado e admirado. (2) Não captamos boleta, apenas conquistamos o coração e confiança de outro ser humano.*

*Fazendo um rápido paralelo: ao ir ao médico ou advogado, você é conquistado pelo que lhe traz segurança, empatia, que o abraça e traz conforto, o escuta com atenção, como se você fosse a pessoa mais importante do mundo para ele. Ou você escolhe o profissional que fica uma hora falando da fórmula do paracetamol ou dos detalhes de uma lei? Reflita sobre suas experiências e faça o mesmo. Como um assessor de investimentos, lhe trago uma sugestão de conduta com a frase abaixo:*

> Quem vende produto é cobrado por rentabilidade; quem oferece um serviço é cobrado por confiança.

Que alegria iniciar este projeto, me sinto honrado em compartilhar meus aprendizados e estratégias, que vão além do relacionamento com clientes e prospectivos, trata-se também de viés comportamental e sistema sensorial em diversos outros ambientes.

Antes de começar a desenvolver o tema principal do livro, me apresentarei para afirmar que vivi na prática todos os exemplos e sugestões aqui apresentados, de modo que eles não vêm de uma literatura externa ou da opinião de terceiros.

Tenho 43 anos e pularei minha história empreendedora até os meus 20 anos, algo que daria um capítulo inteiro e se afastaria do tema principal. Acumulo mais de 23 anos de experiência no mercado financeiro, e estamos em 2024 enquanto escrevo este livro. Minha carreira teve início na Gap Asset Management, uma gestora de recursos independente situada na cidade do Rio de Janeiro, onde passei quinze anos. Posteriormente, em 2016, ingressei na XP Investimentos onde estou até o momento.

Em 2006, fui convidado a abrir o escritório da GAP na cidade de São Paulo, uma mudança de ambiente que me proporcionou uma visão mais ampla, especialmente ao testemunhar o surgimento e crescimento de *multi family offices*, mercado já consolidado nos EUA e ainda iniciando no Brasil. Ali estava uma clara oportunidade.

Nesse momento, decidi fazer uma transição em minha carreira. De um histórico como comercial de fundos multimercado e renda variável, optei por me tornar um assessor financeiro "*Banker*" no ramo de *Wealth Management* ou *Private Bank* como também pode se chamar, construindo uma relação mais pessoal e direta com meus clientes. Acreditava que essa mudança me proporcionaria um crescimento tanto profissional quanto financeiro mais sólido no longo prazo, moldando minha carreira de forma semelhante à de um advogado ou médico, que é construída de forma lenta, porém mais estável e fiel, com base na confiança e fidelidade dos clientes.

Em 2006, apresentei um plano de negócios à Gap, propondo a criação de uma área de *Wealth Management* dentro da empresa. Esse plano foi aprovado e, em 2007, dei início a essa nova etapa em minha carreira.

Para elaborar o plano de negócios, busquei referências no mercado, conversando com diversos *multi family offices* e bancos, além de contar com o apoio de um mentor, fundador de uma das maiores casas de *Wealth Management* na ocasião, que desempenhou um papel fundamental em minha formação profissional durante muitos anos.

Com base em diversas conversas, desenvolvi minha própria metodologia de prospecção e relacionamento com clientes, inspirada não apenas em casas brasileiras, mas também no mercado norte-americano, que estava anos à frente em termos de regulamentação, propostas de trabalho, formatos de cobranças, apresentação de relatórios e serviços, entre outros. Ao "tropicalizar" e adaptar essas práticas à minha realidade, busquei oferecer um serviço diferenciado aos meus clientes, e aqui já trago exatamente o que tenho como convicção e que vai diferenciar um assessor financeiro: SERVIÇO.

Atuei como assessor de investimentos e tinha meu *book* de clientes até 2019 quando fui convidado pela XP para assumir a operação da empresa nos Estados Unidos e precisei abrir mão de meus clientes, dando continuidade à minha trajetória profissional, mas agora como executivo do grupo.

Em 2007, iniciei a construção de minha carteira de cliente, em 2016 migrei para a XP e, no ano seguinte, fui convidado para assumir o escritório de *Private Bank* da XP no Rio de Janeiro. Em seguida, em 2019, fui convidado a liderar a operação da XP nos Estados Unidos, onde permaneci até dezembro de 2023. Em janeiro de 2024, recebi o convite para assumir o *Private* da rede de agentes autônomos da XP e a expansão da empresa para os demais países da América Latina, posição que ocupo atualmente.

Em termos numéricos, como assessor, eu gerenciava uma carteira com alguns bilhões de reais, concentradas em 63 famílias, das quais 62 tinham 100% de seu patrimônio comigo. Essa fidelidade dos clientes foi conquistada por meio de uma metodologia que valoriza o relacionamento de longo prazo, baseado na confiança mútua. Compartilharei a metodologia ao longo dos próximos capítulos.

Quando assumi o escritório no Rio de Janeiro em 2017, administrávamos cerca de R$800 milhões. Com o mesmo time e em menos de dois anos, esse valor cresceu para R$5,5 bilhões, demonstrando o sucesso da abordagem adotada. Da mesma forma, ao assumir a operação nos Estados Unidos em 2019, gerenciávamos aproximadamente US$1 bilhão, e ao deixar o cargo em dezembro de 2023, esse valor havia crescido para quase US$10 bilhões.

Abrir mão da minha carteira foi um desafio, porém necessário, para minha evolução profissional como executivo e conhecimento internacional. Ao longo dos próximos capítulos, compartilharei mais sobre minha metodologia e os desafios enfrentados ao longo dessa jornada.

CAPÍTULO

# 1

# PRINCÍPIOS NECESSÁRIOS

> ***Sua estrada é somente sua. Outros podem acompanhá-lo, mas ninguém pode andar por você.***

Antes de mergulharmos no cerne deste livro, gostaria de compartilhar algumas das minhas crenças, as quais carrego diariamente comigo, seja no trabalho, na relação com amigos, família e outros.

## 1.1. Propósito/meta – Processos – Rotina

Acredito firmemente que ter **metas claras**, tanto no âmbito pessoal quanto profissional, é essencial. Isso envolve não apenas estabelecer metas, mas também deter **processos bem definidos e muita disciplina na execução das rotinas**. Meta, processo e disciplina nas rotinas são pilares fundamentais em tudo que quiser atingir, seja pessoal ou profissional. Desenvolverei mais sobre o tema logo à frente.

## 1.2. Essencialismo

Em conjunto com os três pilares citados anteriormente, saber exercer o essencialismo, saber identificar nossas prioridades e não se deixar levar pelas distrações que surgem o tempo todo. É preciso manter o foco no que foi definido como prioridade para atingir sua meta e propósito.

## 1.3. Viés comportamental

Um terceiro ponto que gostaria de destacar é o **viés comportamental**. Daniel Kahneman, prêmio nobel e um dos maiores exemplos nessa área, tem em sua obra *Rápido e Devagar* uma fonte de inspiração. No último capítulo deste livro, discorrerei um pouco mais sobre o tema. Acredito que compreender os aspectos comportamentais é fundamental, desde negociações iniciais com clientes a como se comportar, usar linguagens corporais, identificar fragilidades e forças com quem está conversando, até a apresentação de resultados de carteira.

## 1.4. Conversas "necessárias"

Em muitos momentos da vida, precisaremos enfrentar conversas difíceis. Saber identificá-las e abordá-las com serenidade e sabedoria é essencial. Conflitos, situações mal resolvidas ou opiniões divergentes são comuns em nossas relações — seja com pais, filhos, cônjuges, amigos, chefes, colegas de trabalho ou clientes.

Embora não seja ideal conversar no calor da emoção, esperar demais também pode ser prejudicial, criando um ciclo negativo. Identificar a necessidade de ter essas conversas, adotar uma estratégia adequada e saber como se comportar são passos fundamentais.

## 1.5. O que é uma conversa necessária?

Uma conversa importante é caracterizada por três fatores principais:

- Opiniões divergentes.
- Emoções intensas.
- Resultados de grande impacto e importância.

Quando perceber a necessidade de uma conversa desse tipo, você terá três opções:

1. Evitá-la
2. Enfrentá-la de forma inadequada
3. Enfrentá-la de forma correta

Costumo dizer que uma boa conversa resolve qualquer mal-entendido ou questão pendente, permitindo que todos saiam ganhando e as relações sejam preservadas. Por isso, escolha sempre a terceira opção: "Enfrentá-la de forma correta".

Aqui estão algumas dicas para abordar esses momentos delicados e importantes, sejam conversas amigáveis ou fora de sua zona de conforto.

### 1.5.1. Tenha clareza sobre o que você deseja

Seja racional e tenha suas intenções bem definidas.

- Reflita sobre o que você realmente deseja alcançar e como quer que a conversa termine a seu favor.
- Pergunte-se: "Estou me comunicando para ganhar, punir ou resolver?"Antes de falar com um cliente irritado, um colega de trabalho ou seu cônjuge após um desentendimento, lembre-se de que o objetivo não é culpar, mas compreender e resolver.

### 1.5.2. Deixe o ego de lado e tenha a mente aberta para mudar de opinião

Mesmo com clareza sobre o que deseja, esteja disposto a ouvir e, se necessário, ajustar seu ponto de vista.

- O ego será seu maior inimigo nesse momento. Você não precisa estar 100% certo.
- Escutar os argumentos da outra parte com abertura é crucial para encontrar soluções verdadeiramente eficazes.

### 1.5.3. Escute primeiro

O ser humano é naturalmente vaidoso e deseja ser ouvido.

- Comece demonstrando seu interesse genuíno. Ouça com atenção e respeito, mantendo contato visual e evitando movimentos excessivos que demonstrem distração ou ansiedade.
- Mostre que você está realmente presente na conversa.

### 1.5.4. Demonstre respeito e elogie

Inicie o diálogo com um elogio ou reconhecendo algo positivo, mesmo que não concorde totalmente. Isso ajudará a diminuir a tensão e criar um ambiente mais favorável ao entendimento.

- Reconheça emoções: "Percebo que isso é importante para você."
- Mostre respeito: "Valorizo sua perspectiva, mesmo que pensemos diferente."

### 1.5.5. Crie segurança

Segurança psicológica é essencial para conversas produtivas.

- Demonstre respeito constante e evite ataques pessoais.
- Se perceber que a outra pessoa se sente ameaçada ou desconfortável, faça uma pausa e restaure o clima de confiança antes de prosseguir.

### 1.5.6. Use o "por que" para aprofundar a conversa

Em vez de defender diretamente seu ponto de vista, faça perguntas começando com "por que". Por exemplo: "Por que você acredita que esses investimentos são melhores?"

- Conforme a outra parte explica, continue explorando com perguntas até que o raciocínio se esgote, deixando espaço para apresentar sua alternativa.
- Mas lembre-se: esteja aberto para concordar se o argumento da outra parte fizer sentido. O objetivo é encontrar soluções, não "vencer" o diálogo.

Abordar conversas importantes de forma correta exige equilíbrio, empatia e planejamento. Com essas estratégias, você poderá construir relações mais sólidas e resolver conflitos de maneira produtiva.

Por fim, seja uma pessoa **positiva** e **otimista**. Busque manter sua vibração alta e levar a vida de forma mais leve. Não temos a capacidade de impedir os obstáculos, mas temos o domínio de como lidar com eles e com os desafios da vida, Essa escolha é nossa, então encare de frente e com energia positiva. A mente tem o poder de moldar nossa realidade e de nos impulsionar para o sucesso, existem muitas literaturas interessantes sobre o assunto.

Busque se concentrar no momento atual de sua vida, sem querer que o tempo acelere para algo que espera; não é à toa que "o agora" se chama "presente". Não lamente algo do passado, perdoe quem precisa ser perdoado. Superar barreiras do passado é fundamental para conquistas futuras, e deixar fluir o passado é sua referência e não sua resistência; supere e se reinvente.

Retomando o assunto sobre encontrar uma **meta**, criar **processos** e ter **disciplina**.

## 1.6. Propósito/metas – Processos – Disciplina na execução da rotina

1. Tudo que queremos na vida somos capazes de conquistar com **metas claras – processos bem definidos – disciplina na execução da rotina**
2. Cuidado com o que você deseja: lembre-se de que ao traçar uma meta profissional e desejar aquele objetivo, você poderá abrir mão de saúde, relacionamento com amigos, cônjuge e família.
    - Acredito que todo exagero precisa ser evitado ou ser temporário; assim, sua meta não será abandonada. Claro que, muitas vezes, não é possível, mas se precisar dar aquele gás em algo específico, que sua família e saúde estejam cientes.
    - Costumo dizer que não existe vida "profissional" e vida "pessoal"; temos apenas uma vida, e o segredo é conseguirmos manter o equilíbrio certo. Por isso, volto aqui a mencionar a importância de criar **metas claras**, **processos** bem definidos e ter **disciplina** na execução.

Tenha metas bem definidas.

> "Nenhum vento é favorável para quem não sabe aonde quer chegar."
>
> *Sêneca, filósofo romano*

Tenha processos bem definidos.

> "Se eu tivesse seis horas para cortar uma árvore, passaria as primeiras quatro horas afiando o machado."
>
> *Abraham Lincoln*

Tenha disciplina com as rotinas

> "Nem todos os dias você acordará motivado; por isso, seja disciplinado."
>
> *Jocko Willink, ex-Navy SEAL*

A **disciplina na execução** requer não apenas organização e certeza do que você busca, mas também praticar o **essencialismo**, que vem a ser:

> No geral, o **essencialismo** é um guia que encoraja as pessoas a simplificar a vida, concentrando-se no que é realmente importante e evitando a sobrecarga de informações e compromissos desnecessários. Trata-se da importância de dizer "não" de forma estratégica para que possamos dedicar nosso tempo e energia ao que realmente importa.

Existe uma história interessante relatada por um empresário famoso que pediu ao piloto de seu avião que escrevesse seus dez desejos. Ao ter a lista completa, ele sugeriu que se concentrasse nos cinco primeiros e descartasse os demais. A mensagem aqui é sobre foco e saber dizer "não" a outros desejos que não são prioridades no momento.

Nós estamos sempre querendo fazer tudo, agradar a todos, estar em vários lugares ao mesmo tempo. E, com tal correria, esquecemos o que é mais importante, o que traz frustrações pessoais e profissionais, muitas vezes imperceptíveis, pois fechamos os olhos e pensamos estar trabalhando muito, correndo, fazendo nosso melhor. Contudo, se estivermos sem **foco**, a tendência é falhar. Para conseguir focar, é preciso **priorizar**; e para priorizar, é preciso **saber o que se deseja**. Saber priorizar é fundamental, mas nossa vida é dinâmica, e muitas distrações e fatos novos acontecem todos os dias. Então, como nos mantermos naquilo que priorizamos? Praticar o essencialismo o ajudará a atingir suas **metas** e ter **disciplina** na implementação dos **processos** criados.

1. O poder do "Menos é Mais": A sociedade moderna muitas vezes nos sobrecarrega com atividades, compromissos e distrações, levando a uma vida superficial e estressante. Então se concentre no que realmente importa.
2. A importância de dizer "não": Aprender a dizer "não" a tarefas, projetos e compromissos não alinhados com nossos objetivos e valores centrais.
3. A busca da clareza: Identificar suas prioridades e objetivos mais importantes na vida, a fim de dedicar tempo e energia a eles.
4. Eliminação de compromissos não essenciais: Conseguir eliminar atividades que não contribuem significativamente para os objetivos definidos, evitando a armadilha da "síndrome do super-homem" ou da sobrecarga de trabalho.
5. A importância de desligar: É muito importante reservar tempo para relaxar, refletir e recarregar, evitando a constante ocupação. Lembra? Não existe vida profissional e pessoal, existe uma única vida, e é importante saber administrar seu tempo e ter equilíbrio, assim conseguirá chegar ao final da meta.
6. A busca da maestria: Em vez de tentar ser bom em tudo, concentre-se em dominar as habilidades e atividades essenciais; assim, poderá alcançar um sucesso maior.

Você, que pode ser um *banker* excelente, com carteira grande no momento e que recebe um convite para ser gestor e executivo, tenha cuidado para uma oportunidade não virar uma armadilha. Então pare, analise, converse, avalie os pontos favoráveis e negativos e se organize para entregar com qualidade, sabendo que, ao aceitar, poderá abrir mão de algo no lado pessoal (saúde, família, amigos, tempo livre). No entanto, esteja ciente e sugiro evitar, pois sem o equilíbrio, algo será afetado, e você poderá se arrepender.

Por outro lado, se você já estiver no momento de montagem de carteira, já atingiu suas dezenas ou até centenas de clientes, já não tem mais tempo de conseguir atender todos com qualidade, sabe que o correto seria fazer uma "limpeza na base de clientes", mas acaba se enganando para não abrir mão de receita, este seria o maior erro. A seguir, explicarei melhor porque isso é uma armadilha.

CAPÍTULO

# 2

# COMO SER UM ASSESSOR FINANCEIRO DIFERENCIADO – ESTRATÉGIAS E SUGESTÕES

***Quem vende produto é cobrado por rentabilidade; quem oferece um serviço é cobrado por confiança.***

Refleti muito sobre o título para este livro. Tudo começou com um simples treinamento e conversas sobre boas práticas para a rede de assessores da XP, mas foi ganhando uma proporção maior, com diferentes escritórios pedindo que eu voltasse, que repetíssemos, que novos treinamentos fossem criados e indicados para amigos. Naquela ocasião, percebi que tinha uma missão importante: compartilhar minhas experiências com mais de 4 mil assessores de investimento, com o total de agentes autônomos afiliados à XP podendo chegar a mais de 15 mil na ocasião. E foi assim que surgiu o título e o interesse em escrever este livro.

## 2.1. Faça o básico bem feito

Está claro para mim, especialmente ao relacionar com situações reais, que muitas pessoas e empresários negligenciam o básico. E fazer o básico bem feito é ainda mais raro. Hoje, com mais de 100 mil assessores e gerentes de investimentos no Brasil, tenho convicção de que apenas a minoria se destaca nesse aspecto. Mas o que significa fazer o básico bem feito? Vou trazer alguns exemplos do nosso dia a dia para ilustrar e, ao final, demonstrarei como esses exemplos se relacionam com a interação em uma sala de reunião com o cliente.

a. **Exemplo 1:** O primeiro exemplo que cito é uma experiência que tive no Hard Rock Stadium em Miami.

> Faça o ***básico*** bem feito.
>
> *Hard Rock Stadium*

Recentemente, tive a oportunidade de comparecer a um jogo de futebol no Hard Rock Stadium, em Miami, nos Estados Unidos, acompanhado por minha esposa e meus dois filhos. Desde o momento em que chegamos, a experiência foi notavelmente especial. Cheguei ao estádio meia hora antes do jogo e estacionei o carro com facilidade e caminhamos com segurança até o portão de entrada, entramos sem tumulto e com filas organizadas. Ao entrar no estádio, fomos recebidos por líderes de torcida e pessoas tocando tambores, o que imediatamente trouxe um sorriso ao rosto dos meus filhos. O ambiente era agradável e acolhedor. Durante o jogo, tivemos acesso a uma variedade de opções de alimentação e bebidas, e pudemos desfrutar do evento com conforto e tranquilidade. Além disso, as instalações, incluindo os banheiros, estavam limpas e bem organizadas, proporcionando uma experiência completa e agradável. O estádio tem um som envolvente que permeia os ouvidos e desperta emoções únicas. Quem já teve a oportunidade de assistir a um jogo da NBA muitas vezes se surpreende, mesmo sem entender muito de basquete ou até mesmo sem ser um grande fã do esporte. A experiência proporcionada por esses eventos nos Estados Unidos é verdadeiramente cativante. Desde o momento em que entra até a saída, você se sente imerso no espetáculo. É tão envolvente que você acaba comprando o uniforme, a camisa do time, mesmo que nunca mais a use. É uma experiência verdadeiramente maravilhosa.

Encerra-se esse cenário. Sou carioca e flamenguista. Levei minha esposa e meus dois filhos ao jogo no Maracanã. A experiência foi completamente diferente. Primeiro, decidimos não ir de carro, pois estacionar não seria fácil. Na hora de sair, pegar um uber ou táxi também não foi tão simples. Todos saímos com fome, pois os poucos pontos de venda de comida tinham filas enormes. Minha filha também precisou usar o banheiro, mas havia poucos disponíveis e nenhum deles era familiar. Como pai, não me senti confortável levando-a a um banheiro masculino, sujo e malconservado. Mesmo com a qualidade da partida infinitamente superior e a torcida dando um show, a experiência com família nem se compara ao primeiro exemplo.

A provocação aqui é: como fazer com que uma reunião com o cliente seja de altíssima qualidade e sua experiência durante aquelas horas de reunião seja memorável? Elaborarei ao longo do livro essa resposta

**b. Exemplo 2:** Funcionário novo nos parques da Disney.

Tenha um ***comportamento*** adequado ao lado do cliente.

Deixe seus problemas de lado e pense na importância da reunião.

Ao ser contratado pelo grupo Disney, os funcionários são convocados para assistir a um vídeo que retrata uma família poupando recursos financeiros ao longo do tempo para proporcionar uma experiência mágica nos parques da Disney. O vídeo mostra os pais saindo cedo de casa para trabalhar e voltando tarde, sacrificando momentos importantes com os filhos, deixando de viajar, entre outros prazeres, para, um dia, finalmente levar seus filhos a um dos parques. A mensagem educativa desse vídeo: não é justo nem correto trazer problemas pessoais para o trabalho e prejudicar o dia mágico dessas famílias. Sei que todos temos dias ruins e problemas, mas é preciso deixá-los sempre do lado de fora do ambiente de trabalho, trabalhar de bom humor, astral alto e estarmos sempre prestativos, e fazer com que todos tenham uma experiência mágica.

Agora, voltemos à nossa realidade na assessoria financeira. Já pararam para pensar que nossos clientes têm histórias semelhantes? São executivos e executivas resilientes que sacrificaram tempo com a família para construir patrimônio, empreendedores que arriscaram tudo para alcançar seus objetivos. Com centenas de milhares de profissionais de investimento no Brasil, aquele cliente poderia ter escolhido qualquer um, mas ele escolheu você para cuidar daquele valioso montante de recursos; então, sinta-se muito prestigiado e privilegiado.

Não é apenas um privilégio, mas também uma responsabilidade. Você tem a obrigação ética de se preparar tecnicamente, de agir com integridade, de buscar o melhor para o cliente, mesmo que não seja o melhor para você ou para sua instituição. É essencial entender as necessidades do cliente e fazer o que é certo para ele. Você tem a responsabilidade de ser o melhor profissional para atender aquele cliente/família. Compreende o privilégio que é ter um cliente sentado em uma sala de reunião com você, entregando-lhe a responsabilidade de gerir com qualidade e ética recursos acumulados por uma vida inteira? Não entrem no erro de pensar que é “apenas mais um cliente”.

A metodologia e o conceito por trás de uma assessoria financeira de qualidade vão muito além da simples alocação de recursos ou da busca por performance e rentabilidade, embora esses aspectos sejam importantes e necessários. Na verdade, uma assessoria financeira de qualidade significa entregar um serviço que engloba uma ampla gama de elementos.

CAPÍTULO

3

# OS TRÊS PILARES DO SERVIÇO

> *"O que vai diferenciar um assessor financeiro? Serviço, que vem a ser um planejamento bem feito, baseado no bom conhecimento e objetivos de vida do cliente."*
> **Knapp, *Robert, autor do livro***
> *The Supernova Advisor*

Para mim, serviço significa construir e manter uma relação de **confiança sólida** com o cliente, investir tempo para **conhecer profundamente as necessidades, os planos, os objetivos e**

**os valores do cliente** para poder oferecer recomendações e soluções financeiras que estejam alinhadas com sua situação específica, e sempre em uma relação de **total transparência**.

## 3.1. Serviço significa: (a) confiança, (b) conhecer seu cliente e (c) transparência

Compartilho com vocês os resultados de uma pesquisa realizada pela Schwab com milhares de clientes que têm um patrimônio superior a US$2 milhões na instituição.

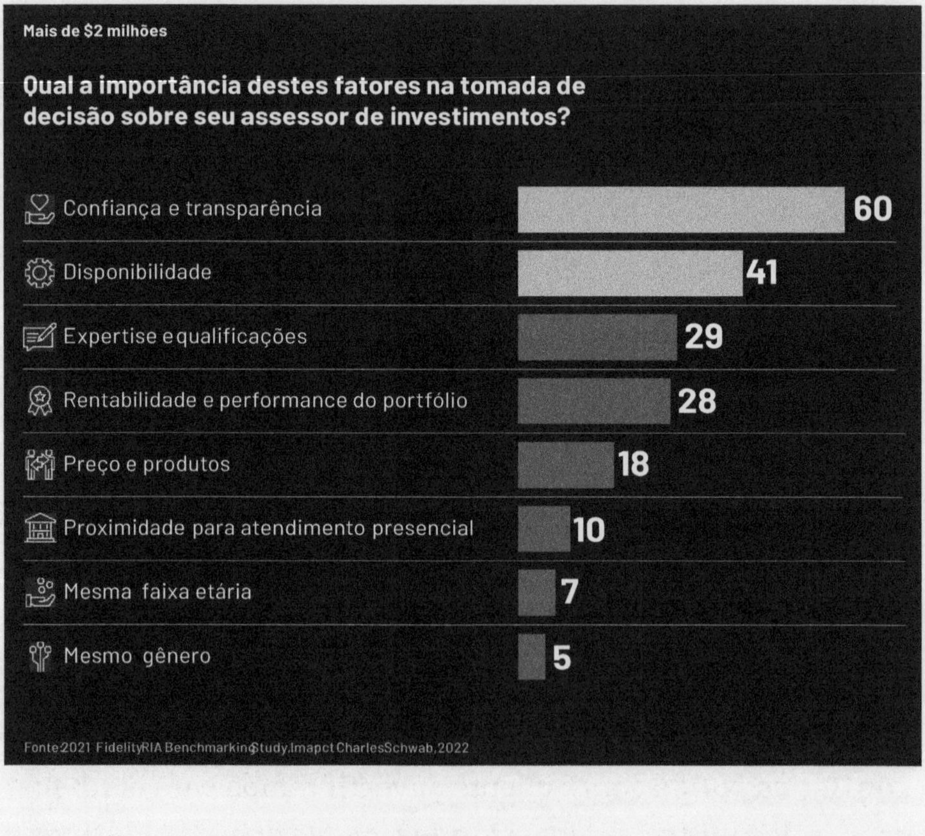

Na pesquisa, foi feita a seguinte pergunta aos clientes: o que você mais espera do seu assessor de investimentos? Surpreendentemente, a resposta mais comum, em primeiro lugar, foi confiança e transparência. Por outro lado, quando a mesma pergunta foi feita aos assessores de investimento sobre o que achavam que seus clientes mais esperavam deles, a resposta mais comum, com uma diferença significativa, foi rentabilidade e performance do portfólio.

Essa discrepância entre as expectativas dos clientes e a percepção dos assessores destaca a importância de uma comunicação clara e do alinhamento de expectativas. Mostra que, muitas vezes, os clientes valorizam mais aspectos como confiança e transparência do que simplesmente a rentabilidade dos investimentos. Isso ressalta a necessidade de os assessores compreenderem verdadeiramente as necessidades e prioridades individuais de cada cliente, a fim de fornecer um serviço mais personalizado, que só é possível após conhecer o cliente muito além de seu nível de aceitação a risco e fazer um planejamento patrimonial bem elaborado. Detalharei mais à frente.

Em resumo, uma assessoria financeira de qualidade vai muito além de simplesmente oferecer recomendações de investimento. Envolve estabelecer uma relação de confiança baseada na integridade e na compreensão das necessidades individuais do cliente, além de garantir transparência em todas as interações e transações financeiras.

### 3.1.1. Confiança

Vamos nos aprofundar um pouco mais a questão da confiança, começando com o conhecimento técnico e a ausência de conflito de interesse.

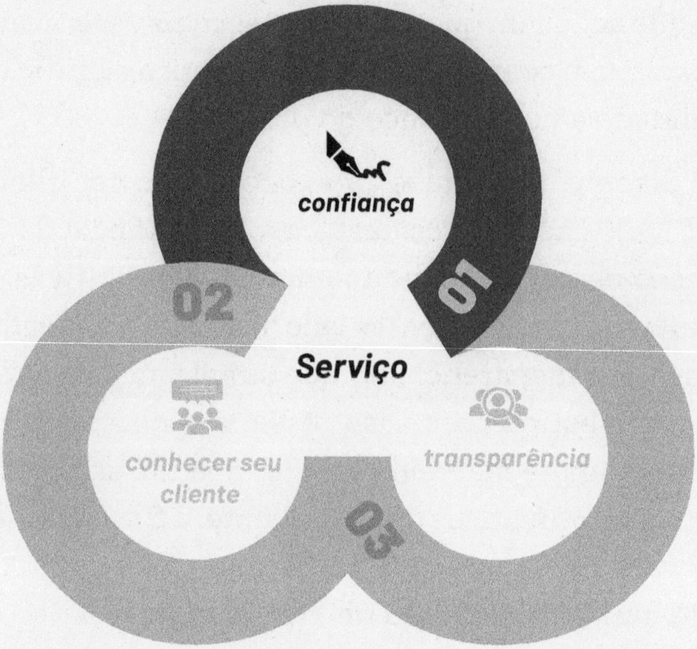


### 3.1.2. Como obter a confiança do cliente?

- **Conhecimento técnico**: Investimento financeiro + Jurídico (tributário, sucessório e familiar)
- **Ausência de conflito de interesse**: O cliente deve ter certeza de que você está no mesmo lado da mesa, trabalhando a seu favor com ética/caráter conquistados ao longo da vida em relacionamentos fora do ambiente de trabalho

1. Conhecimento técnico: O conhecimento técnico abrange duas áreas principais: investimento financeiro e aspectos jurídicos. No contexto de investimento financeiro, é essencial compreender os diferentes tipos de produtos financeiros, como fundos multimercados, renda variável e renda fixa, bem como entender o cenário econômico que impacta esses investimentos. Além disso, ter um conhecimento básico sobre estratégias de investimento, como diversificação de carteira, é fundamental.

No entanto, as pessoas muitas vezes subestimam a importância dos aspectos jurídicos na assessoria financeira. É crucial ter conhecimento sobre questões tributárias, sucessórias e familiares, especialmente ao lidar com clientes que têm necessidades além do simples investimento financeiro. Isso inclui questões como planejamento patrimonial, estratégias de sucessão em vida, elaboração de planos de aposentadoria de longo prazo e até mesmo preparação para residência em outro país. Ter esse nível de conhecimento permite que você vá além da simples alocação financeira e ofereça um planejamento financeiro mais abrangente e personalizado para seus clientes, um procedimento que já começa a fazê-lo se destacar muito à frente de outros profissionais que buscam falar apenas de alocação de recursos.

2. Ausência de conflito de interesse: Para obter a confiança de seus clientes, é fundamental garantir que não haja conflito de interesse em suas interações. Isso significa que você deve agir sempre no melhor interesse do cliente, colocando seus objetivos em primeiro lugar e evitando influências externas que possam comprometer essa relação. Fazer o cliente ter certeza de sua ética e caráter não é algo que se explica, mas que se conquista com o tempo de relacionamento; então, dê tempo ao tempo e não se desvie dos valores corretos nesta relação.

Portanto, para conquistar a confiança do cliente, é essencial ter um sólido conhecimento técnico, tanto em investimentos financeiros quanto nos aspectos jurídicos, e garantir a ausência de conflito de interesse em todas as interações com o cliente. Isso cria uma base sólida para uma relação de assessoria financeira de qualidade e duradoura.

## 3.2. Conhecer seu cliente:

3.2.1. A primeira reunião

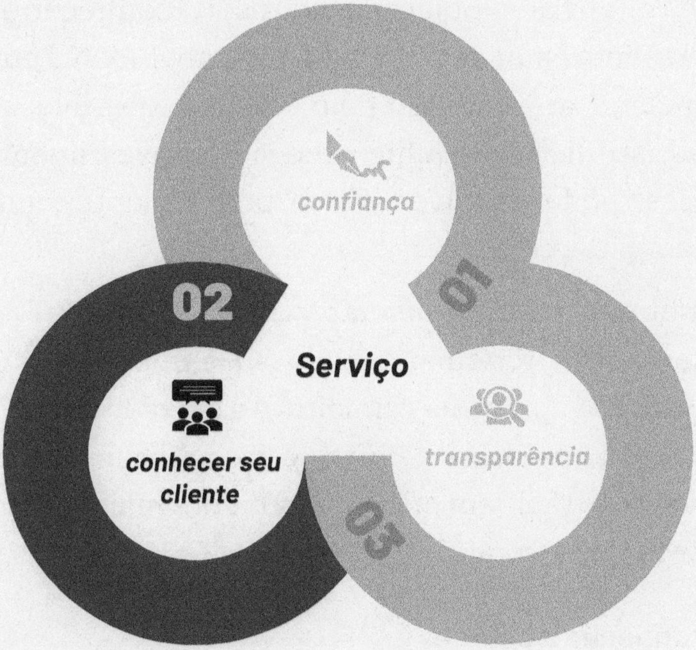


3.2.2. Objetivo da primeira reunião (1/2)

1. Conheça o cliente: Escute e estimule o cliente a se apresentar e falar dele, não apenas da parte financeira, mas de tudo — deixe-o ser o protagonista e busque encontrar algo em comum. Conheça seu cliente para realizar um trabalho de gestão e planejamento patrimonial sob medida.
2. Apresente sua metodologia de trabalho:
    - *Private* não é apenas alocação financeira, vai além do padronizado conceito de perfil conservador/moderado/agressivo, mês negativo e ano abaixo do CDI.

- *Private* é serviço; e o que significa serviço? Exemplo com um cliente que pede uma proposta para R$10 milhões.

Na primeira reunião com um potencial cliente, o assessor financeiro tem dois objetivos claros: (1) conhecer o cliente e (2) apresentar sua metodologia de trabalho. No entanto, é comum começar a reunião pelo segundo objetivo, apresentando a instituição, a equipe, crenças de investimento, entre outros. Isso pode ser um equívoco, pois o cliente compareceu à reunião para ouvir você.

O ser humano é naturalmente vaidoso e gosta de falar sobre si mesmo e suas conquistas. Por isso, é importante permitir que o cliente se apresente primeiro. Ao deixá-lo falar, você não só demonstra interesse genuíno em conhecer sua história e objetivos, mas também cria um ambiente mais propício para estabelecer uma conexão pessoal.

### 3.2.3. Conhecer o cliente

Portanto, na primeira reunião, reserve um tempo para ouvir o cliente. Faça perguntas abertas que o incentivem a compartilhar informações sobre sua vida, sua família, suas aspirações financeiras e suas preocupações. Isso não só ajudará você a entender melhor as necessidades individuais dele, mas também facilitará a transição para a apresentação de sua metodologia de trabalho, mostrando como você pode ajudá-lo a alcançar seus objetivos financeiros.

- **Estabeleça um ambiente confortável**: Ao receber o cliente em sua primeira reunião, crie um ambiente acolhedor e amigável. Isso pode incluir oferecer um doce, um chá ou um café especifico a gosto, garantir que o local da reunião seja confortável e livre de distrações, e demonstrar uma postura receptiva desde o início.

- **Inicie com uma conversa informal**: Antes de mergulhar nos detalhes financeiros, comece a reunião conversando informalmente. Isso ajuda a quebrar o gelo e criar uma atmosfera mais relaxada. Pergunte sobre os interesses e *hobbies* do cliente, sua família e suas últimas experiências. Isso não só ajuda a construir um relacionamento mais pessoal, como também lhe fornece insights valiosos sobre sua vida e prioridades.
- **Faça perguntas abertas**: Durante a conversa, tais perguntas incentivam o cliente a compartilhar informações sobre sua situação financeira, seus objetivos e preocupações. Isso demonstra interesse genuíno e permite que você entenda melhor as necessidades individuais do cliente.
- **Escute com empatia**: Enquanto o cliente compartilha sua história e objetivos, demonstre empatia e compreensão. Mostre que você está ouvindo atentamente e se preocupa com suas preocupações e aspirações. Isso ajuda a construir confiança e mostra ao cliente que ele está em boas mãos.

Em resumo, a primeira reunião é uma oportunidade para construir confiança, entender as necessidades do cliente e apresentar sua abordagem de trabalho. Ao focar em conhecer o cliente e demonstrar empatia e respeito, você estabelecerá uma base sólida para poder fazer um planejamento patrimonial de excelência. A seguir, uma sugestão de nove perguntas para as quais você deve buscar as respostas:

### 3.2.4. Reunião de planejamento: Como entender a real necessidade e objetivos do cliente?

1. **Pilares**

- **Informações pessoais e profissionais**: Aprofunde-se na obtenção de informações pessoais e profissionais do cliente, além de *hobbies* e outras informações.
- **Mapeamento financeiro**: Avalie a situação financeira e de investimentos, bem como sua gestão a riscos.
- **Momento atual e objetivos**: Entenda os objetivos do cliente, seu plano de aposentadoria valor e cenários alternativos

2. **Roteiro resumido**

- **Financeiro**
  - *Financeiro (liquidez)*: R$? PJ ou PF? (Previdência / FE / Invest. Diretos)
  - *Imóveis*: Possui? PJ ou PF? Qual a finalidade (aluguel, lazer, próprio)
  - *Participação Societária*? PF ou PJ? Valor aproximado
  - *Internacional*: Offshore? Imóvel? Sociedade? Financeiro?
  - *Demais Bens:* Carros / Lancha / Aeronave?

3. **Mapa familiar**

  - *Família*: Filhos? Netos? Qual regime de casamento?
  - *Manutenção da Qualidade de Vida*: Receita e Despesa Anual?

- *Observações Finais*: Vive de renda? Alguma meta específica? Se algo acontecer, com quem devo falar? Interesse em blindar seus herdeiros?
- *Metas de vida*?

Essas perguntas não devem ser feitas de forma mecânica, mas sim obtidas ao longo de uma conversa leve.

É essencial que você compreenda claramente que tanto as perguntas quanto as respostas devem estar centradas no momento presente e nos objetivos futuros do cliente, abrangendo aspectos de sua vida pessoal e profissional. Na esfera financeira, além dos recursos disponíveis que serão geridos por você, verifique também outros pontos, tais como:

- Se existem investimentos em outras instituições.
- Se possui imóveis e se os mesmos são para moradia própria ou para fins de aluguel e/ou venda (existem soluções tributárias interessantes).
- A participação societária também deve ser explorada, especialmente se o cliente for empresário, com um número de funcionários que traga risco trabalhista ou mesmo se teve alguma empresa vendida no passado recente e há riscos pendentes. Essas questões são importantes para eventuais estruturas de blindagem.
- Além disso, entender a composição do patrimônio do cliente, incluindo bens em geral, focando apenas nos de valor representativo.

- Detalhes sobre a família, como número e idade dos filhos e netos, nomes e datas de aniversário, bem como o regime de casamento.
- Descobrir as metas de vida do cliente, como uma data em que ele pretende se aposentar, mudança para outro país, educação dos filhos no exterior e projetos de obras significativas, também são informações cruciais.
- No que diz respeito aos gastos anuais do cliente, é preferível obter uma estimativa geral em vez de detalhes específicos sobre aluguel, mensalidades escolares e viagens, já que esses valores podem ser difíceis de se precisar. Busque identificar um valor aproximado.

### 3.2.5. Apresentar sua metodologia de trabalho

Se, mesmo após as perguntas iniciais, algumas respostas ainda não estiverem claras, a apresentação da metodologia de trabalho pode proporcionar um ambiente mais confortável para que o cliente compartilhe as informações que faltam. Agora, ao apresentar sua metodologia, é importante evitar cair na armadilha da abordagem comum.

Imagine que o cliente tenha confiado a você R$10 milhões para gestão. A maioria dos nossos concorrentes perguntaria sobre o perfil de investimento do cliente, se é conservador, moderado ou agressivo, e se está disposto a enfrentar meses negativos ou anos de desempenho abaixo do *benchmark*.

Em seguida, eles provavelmente apresentariam uma carteira preconcebida e uma alocação financeira padrão. Porém, isso é uma *commoditie*, algo em que você não se destacará.

Garanto a você que todos têm apresentações institucionais bonitas, equipes de gestão com os melhores especialistas e estratégias de alocação financeira com ativos únicos. Afirmo que apenas isso não o diferenciará.

Mas como você pode se diferenciar? Além de criar uma empatia e conexão de confiança, a chave está em entender o quanto esses R$10 milhões representam para o cliente em relação a seu patrimônio líquido total. Você precisa saber se o cliente possui outros ativos, e quais são, para evitar uma sobreposição na alocação e garantir de verdade que o cliente faça uma diversificação. Além dos ativos líquidos, será importante entender a situação dos imóveis para avaliar uma estrutura de *holding* imobiliária e otimizar a tributação e o planejamento sucessório, e também se o cliente possui empresas e qual é o valor das mesmas, se tem recursos no exterior; enfim, quanto representam os R$10 milhões em relação ao patrimônio total.

É muito importante deixar claro ao cliente que, para uma alocação sob medida e ideal, é importante ter um diagnóstico exato. Com isso, será possível organizar um planejamento patrimonial completo, no qual a alocação financeira faz parte desse serviço e de sua proposta de trabalho.

> **Dificuldades em obter respostas? Cliente está se sentindo desconfortável? Você parece ser invasivo com tanta informação?**

Se mesmo assim não conseguiu suas respostas, eis aqui duas dicas:

- **Comportamento mental**: Você não é um vendedor; está ajudando aquele cliente a investir melhor.

A primeira mudança necessária é em seu comportamento mental. Você precisa entender que, ao fazer aquelas perguntas, não está sendo um vendedor invasivo ou curioso. Está simplesmente desempenhando seu trabalho de forma diligente para garantir uma alocação financeira adequada e personalizada para o cliente, atendendo às suas necessidades específicas.

É essencial que você se veja como um profissional altamente qualificado, com uma equipe de excelência, e que precisa dessas informações para oferecer o melhor serviço possível ao cliente. Ao adotar essa mentalidade, você se diferenciará pela abordagem cuidadosa e orientada para atender às necessidades do cliente de maneira precisa e eficaz, sem ser invasivo.

- **Aja como um bom médico**: Compare com um paciente indo ao médico que lhe receita paracetamol

Vou dar outro exemplo que sugiro que você também compartilhe com o cliente durante a reunião. Imagine que o cliente está com dor de cabeça e vai ao médico. Ele diz: "Doutor, estou com dor de cabeça." E o médico pergunta: "Há quanto tempo?" O cliente responde: "Não vou te dizer." O médico continua: "Houve algum trauma? Bateu com a cabeça?" E o cliente novamente diz que não vai responder. O médico poderia simplesmente parar por aí, certo? Mas não é isso que acontece. Ele segue perguntando: "Há algum histórico de enxaqueca em sua família? Seus pais sofriam com isso? Pode ser algo hereditário." O cliente novamente se recusa a responder. Então, o que esse médico altamente qualificado fará? Prescrever um simples paracetamol.

Agora, imagine que esse médico não faz as perguntas detalhadas e simplesmente dá o paracetamol. Nesse caso, não importa se é um médico altamente qualificado ou um farmacêutico sem qualificação, o paracetamol é o mesmo. Assim como a carteira conservadora, moderada ou agressiva que você oferece sem conhecer o diagnóstico correto do cliente funciona como um comprimido de paracetamol para uma dor de cabeça, isto é, uma *commoditie*.

Portanto, é crucial entender que, mesmo sendo um profissional altamente qualificado, se você não fizer o diagnóstico correto, não se diferenciará dos outros cem assessores de investimentos no Brasil. Por isso, é essencial entrar nos detalhes e realizar um planejamento patrimonial completo. Somente assim você pode oferecer um serviço diferenciado e de qualidade, conquistando a confiança da família e expandindo sua carteira de clientes de forma orgânica e sustentável.

Com essas duas dicas finais, acredito que conseguirá sair da primeira reunião com as informações necessárias.

Robert Knapp, no livro *The Supernova Advisor*, afirma: "**O que vai diferenciar um assessor financeiro? O serviço, que vem a ser um planejamento bem feito, baseado no conhecimento adequado e nos objetivos de vida do cliente**."

Esse livro é uma leitura que sempre recomendo. Nele, Knapp, um executivo da Merrill Lynch, compartilha uma palavra fundamental que diferencia os melhores assessores financeiros: "serviço".

Mas o que exatamente isso significa?

Significa elaborar um planejamento abrangente, enraizado nos sonhos, no crescimento e nos objetivos de vida do cliente.

Aqueles que têm um profundo entendimento e conhecimento dos objetivos de vida do cliente são capazes de oferecer um planejamento patrimonial personalizado. E um planejamento personalizado é sinônimo de serviço de qualidade.

O serviço vai além de uma simples transação financeira; ele representa um compromisso contínuo com a prosperidade financeira do cliente, baseado em um relacionamento duradouro e centrado nele.

Ao encerrar a primeira reunião, é crucial já agendar a segunda. Saia da primeira reunião com a próxima já marcada, com data e horário. Esse é o primeiro passo em direção a uma parceria sólida e de confiança, na qual o cliente sentirá que está sendo verdadeiramente cuidado.

### 3.2.6. A segunda reunião

Consolidando as informações (2/2)

- Monte o organograma familiar.
- Alocação financeira + Planejamento patrimonial.
- Seja pragmático com a curadoria dos produtos e ofereça o que fizer sentido para o cliente.

Chegar à segunda reunião marca o início de um diferencial significativo em relação à concorrência, e é quando o cliente começa a compreender a razão por trás das numerosas perguntas feitas na primeira reunião. Em vez de chegar à segunda reunião com uma simples alocação de ativos em percentuais de multimercado, renda variável e renda fixa, proponho apresentar um organograma detalhado da família.

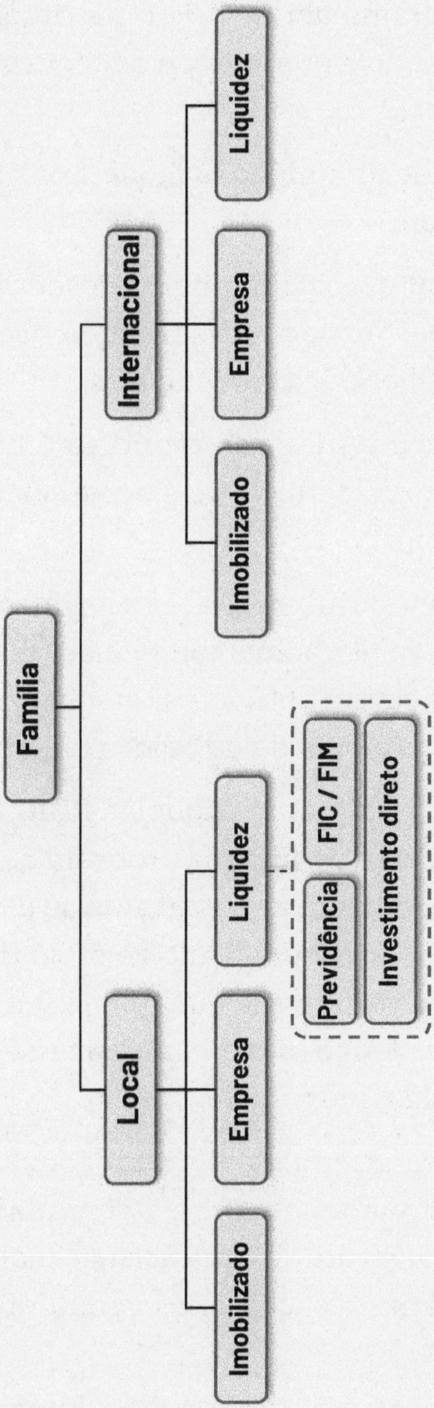
Família
Local
Internacional
Imobilizado
Empresa
Liquidez
Previdência
FIC / FIM
Investimento direto
Imobilizado
Empresa
Liquidez

Esse organograma abrangeria o patrimônio completo da família, destacando a quantidade de recursos em diferentes áreas, como:

- Quantidade de unidades monetárias total, no Brasil e no exterior.
- Porcentual do patrimônio representado por imóveis; inclui sugestão de se constituir ou não estruturas para eventuais benefícios tributários.
- Valor patrimonial das empresas, incluindo potenciais riscos trabalhistas e a necessidade de blindagem patrimonial.
- Necessidade de diversificação geográfica dos investimentos. Por exemplo, aumentar recursos em dólares visando a proteção contra flutuações cambiais, planos de mudança para outro país ou educação dos filhos no exterior.
- E, finalmente, tratar daqueles R$10 milhões para os quais o cliente pediu uma proposta de alocação. Nessa ocasião você trará as estruturas de alocação, isto é, se cabe ou não fazer um plano de previdência, fundos exclusivos ou carteiras isentas, em linha com os objetivos e planos de longo prazo, como sucessão, aposentadoria e gestão de riscos.

Nesse momento, seria ideal contar com a presença de um especialista em planejamento patrimonial para discutir a possibilidade de estruturar uma *holding* imobiliária ou outras soluções tributárias e sucessórias vantajosas.

Esse trabalho personalizado marca um grande diferencial para o cliente, que provavelmente nunca teve seu patrimônio apresentado de forma tão abrangente e integrada. Em vez de ter seus ativos distribuídos em várias instituições financeiras, o cliente terá uma visão consolidada de seu patrimônio, facilitando a tomada de decisões estratégicas e proporcionando uma compreensão mais clara de sua situação financeira global.

Finalmente chega a hora de falar de alocação e porcentual por classes de ativos, mas sigo muito firme em nunca mais fazer alocação de acordo apenas com o grau de risco que o cliente diz ter, ou seja, a alocação será sob medida. A seguir, uma sugestão e exemplo de como ir adiante.

Vamos criar uma situação hipotética, conforme os detalhes de um cliente "XXX":

- Patrimônio Atual: R$10 milhões.
- Custo anual: R$1 milhão (vive do salário).
- Objetivo profissional: Aposentar-se em 10 anos.
- Risco: Diz ser conservador.
- Alocação obrigatória: R$2 milhões em renda fixa pós com liquidez.
- Alocação estratégica: R$8 milhões.

Vou apresentar o caso de um cliente com um patrimônio total de R$10 milhões. Ele tem um custo anual de vida de R$1 milhão e utiliza integralmente seu salário para sustento, sem acumular ou resgatar nada dos R$10 milhões ao longo do ano. Seu objetivo é se aposentar em 10 anos e se considera um investidor conservador.

Para desenvolver uma estratégia de alocação financeira, proponho o seguinte: reservar sempre o equivalente a dois anos do custo de vida dele e investir em renda fixa pós-fixada com liquidez diária, o que totaliza R$2 milhões dos R$10 milhões. Essa escolha se baseia na necessidade de disponibilidade imediata de recursos em situações como perda de emprego, interrupção de dividendos, mudanças na aposentadoria ou despesas médicas inesperadas. Dessa forma, ele não precisaria recorrer a investimentos de maior risco ou vender ativos com prejuízo.

Quanto aos R$8 milhões restantes, a sugestão é adotar uma abordagem diversificada, considerando o perfil conservador do cliente.

| **Informações Gerais** | |
|---|---|
| **Cliente:** | XXX |
| **Investimento Inicial:** | R$ 10.000.000,00 |
| **Expectativa de Retorno:** | 11,5% |
| **Taxa de gestão:** | 0,30% |
| **Data:** | Mar-24 |

| **Projeções** | **IPCA** |
|---|---|
| **Mar-24** | **3,82%** |
| **Mar-25** | **3,82%** |
| **Mar-28** | **4,72%** |
| **Mar-31** | **4,89%** |
| **Mar-34** | **4,89%** |

**Portfólio estratégico de longo prazo**

| | | Cenários | | |
|---|---|---|---|---|
| | % alocado | pior | base | melhor |
| **Renda Fixa Pós** | 68,0% | 9,7% | 10,7% | 11,2% |
| **Renda Fixa Pré** | 0,0% | 7,8% | 11,8% | 13,8% |
| **Renda Fixa Inflação** | 22,5% | 7,9% | 13,9% | 16,9% |
| **Multimercados** | 0,0% | 5,9% | 15,9% | 20,9% |
| **Renda Variável** | 0,0% | -24,0% | 16,0% | 36,0% |
| **RF Global** | 9,5% | 1,7% | 11,7% | 16,7% |
| **RV Global** | 0,0% | -18,0% | 12,0% | 27,0% |

Acima são duas diferentes páginas com uma simulação de planejamento patrimonial no tempo, com base nos dados atuais, índices fornecidos por órgãos oficiais.

Vamos explorar essa situação com mais detalhes. Atualmente, meu cliente tem um padrão de gastos anuais de R$1 milhão e planeja se aposentar em uma década. Com base nas estimativas de inflação, prevemos que, daqui a 10 anos, ele precisará de R$1,5 milhão anualmente para sustentar seu estilo de vida, incluindo despesas como viagens e jantares. Mas como isso se traduz em termos de planejamento financeiro para um investidor de renda?

Para garantir que o poder de compra do cliente seja mantido, precisamos ajustar o valor principal pela inflação, considerar os impostos e calcular a taxa de juros real necessária para atender a essas despesas anuais. Usando uma taxa de juros real de 5%, determinamos que ele precisará de um patrimônio total de R$30 milhões em 10 anos, dos quais R$1,5 milhão representa 5%.

O desafio agora é como multiplicar os atuais R$10 milhões para atingir os R$30 milhões em uma década. Optei por uma abordagem conservadora, dada essa postura do cliente. No entanto, é importante reconhecer que avaliar com precisão o verdadeiro apetite ao risco do cliente pode ser difícil. Afinal, só descobrimos nossa verdadeira tolerância ao risco quando enfrentamos situações desafiadoras. Faço sempre uma analogia: só descobrimos quem tem medo de avião quando há uma turbulência. Nos investimentos não é diferente, só descobrimos a verdadeira tolerância durante um período de volatilidade acentuado.

Baseando-me na preferência do cliente por investimentos conservadores, proponho uma carteira de alocação financeira composta por 68% em renda fixa pós-fixada, 22,5% em renda fixa indexada à inflação e 9,5% em renda fixa global, com uma expectativa de rentabilidade de 11% ao ano, com base em dados públicos disponíveis.

Apresentando essas projeções ao cliente, com um patrimônio inicial de R$10 milhões, estimamos que, em 10 anos, ele terá acumulado um patrimônio de R$26 milhões. Embora seja um avanço considerável, ainda não alcança a meta de R$30 milhões.

Nesse cenário, no qual a meta de planejamento não foi alcançada, ofereço ao cliente três alternativas:

1. A possibilidade de estender o período de trabalho em mais alguns anos. Deixar de se aposentar em 10 anos, talvez indo até 14, 15 ou 16 anos.

2. Como segunda alternativa, podemos considerar uma abordagem ligeiramente mais arrojada, introduzindo um grau de risco moderado na carteira de investimentos. Nesse cenário, incluiríamos uma parcela de multimercados e renda variável, tanto nacional quanto internacional.

   Com base nessas premissas, projetamos que, em vez de uma rentabilidade de 11%, a carteira pode render em torno de 13% ao ano. Assim, em 2034, após 10 anos de investimento a partir da data atual, estimamos que o patrimônio acumulado atingiria os R$30 milhões almejados em seu planejamento patrimonial, permitindo um resgate anual de R$1,5 milhão.

   Essa abordagem adiciona um elemento de maior potencial de retorno, embora também incorra em um grau adicional de volatilidade e risco. É importante discutir essas considerações com o cliente e garantir que ele esteja confortável com a possibilidade de variações no valor de seu investimento ao longo do tempo.

   Veja abaixo a simulação da segunda alternativa.

| Informações Gerais | |
|---|---|
| **Cliente:** | XXX |
| **Investimento Inicial:** | R$ 10.000.000,00 |
| **Expectativa de Retorno:** | 13,1% |
| **Taxa de gestão:** | 0,30% |
| **Data:** | Mar-24 |

| Projeções | IPCA |
|---|---|
| **Mar-24** | **3,82%** |
| **Mar-25** | **3,82%** |
| **Mar-28** | **4,72%** |
| **Mar-31** | **4,89%** |
| **Mar-34** | **4,89%** |

| Portfólio estratégico de longo prazo | | | | |
|---|---|---|---|---|
| | | Cenários | | |
| | % alocado | pior | base | melhor |
| **Renda Fixa Pós** | 38,0% | 9,7% | 10,7% | 11,2% |
| **Renda Fixa Pré** | 0,0% | 7,8% | 11,8% | 13,8% |
| **Renda Fixa Inflação** | 17,5% | 7,9% | 13,9% | 16,9% |
| **Multimercados** | 22,5% | 5,9% | 15,9% | 20,9% |
| **Renda Variável** | 9,5% | -24,0% | 16,0% | 36,0% |
| **RF Global** | 7,0% | 1,7% | 11,7% | 16,7% |
| **RV Global** | 5,5% | -18,0% | 12,0% | 27,0% |

3. A terceira alternativa seria retomar para uma alocação mais conservadora. Contudo, sob essa abordagem, o cliente precisaria se comprometer a economizar e investir um montante adicional de R$220 mil por ano ao longo dos próximos 10 anos para alcançar o objetivo de R$30 milhões.

Abaixo, a simulação dessa terceira opção:

| Informações Gerais | |
|---|---|
| **Cliente:** | XXX |
| **Investimento Inicial:** | R$ 10.000.000,00 |
| **Expectativa de Retorno:** | 11,5% |
| **Taxa de gestão:** | 0,30% |
| **Data:** | Mar-24 |

| Projeções | IPCA |
|---|---|
| **Mar-24** | **3,82%** |
| **Mar-25** | **3,82%** |
| **Mar-28** | **4,72%** |
| **Mar-31** | **4,89%** |
| **Mar-34** | **4,89%** |

| | 5 anos | 10 anos |
|---|---|---|
| **Expectativa de Retorno (pior):** | 8,6% | 8,2% |
| **Expectativa de Retorno (base):** | 11,5% | 10,6% |
| **Expectativa de Retorno (melhor):** | 13,0% | 11,2% |
| **Volatilidade Esperada:*** | 1,5% | |

**Alocação por classe de ativo**

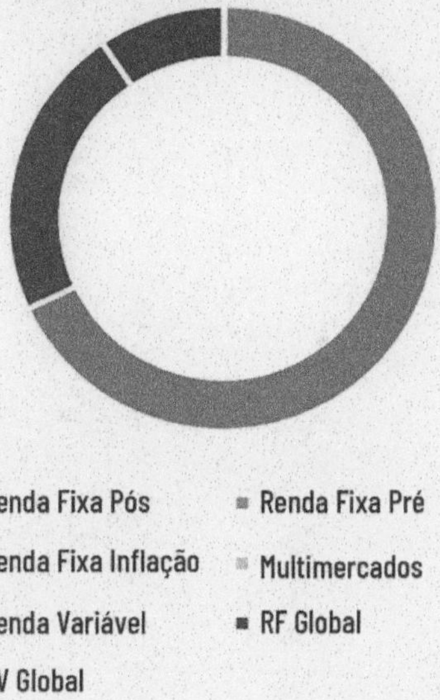


**Fluxo financeiro**

| Períodos | Aportes |
|---|---|
| 2019-2023 | R$ 0,00 |
| 2024 2028 | R$ 880.000,00 |
| 2029-2033 | R$ 1.100.000,00 |

* Valores atualizados pela inflação

Após a apresentação das três alternativas de alocação e planejamento, com o cliente optando pela terceira, por exemplo, eu lhe mostro o planejamento completo, como segue:

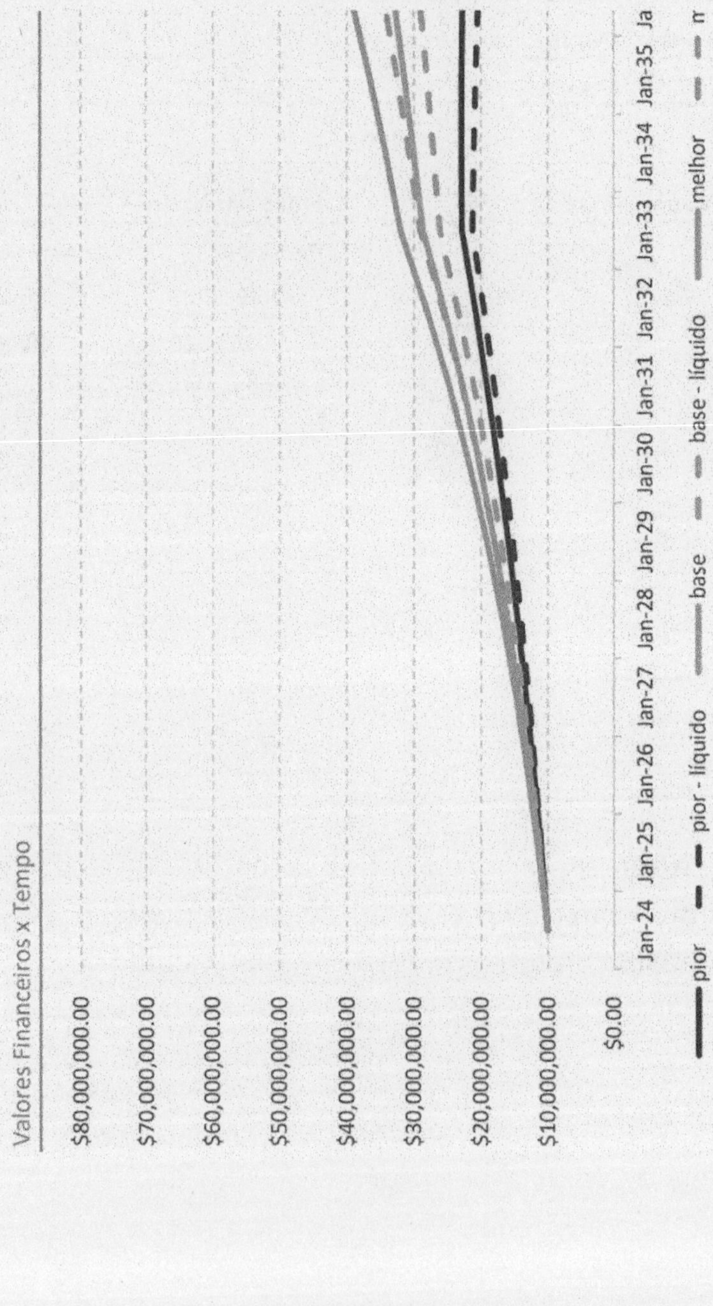
Valores Financeiros x Tempo
$80,000,000.00
$70,000,000.00
$60,000,000.00
$50,000,000.00
$40,000,000.00
$30,000,000.00
$20,000,000.00
$10,000,000.00
$0.00
Jan-24
Jan-25
Jan-26
Jan-27
Jan-28
Jan-29
Jan-30
Jan-31
Jan-32
Jan-33
Jan-34
Jan-35
pior
pior - líquido
base
base - líquido
melhor

| Valores Financeiros (Brutos) | | | | |
|---|---|---|---|---|
| **Cenários** | **3 anos** | **5 anos** | **10 anos** | **15 anos** |
| **Pior** | R$ 13.184.905,64 | R$ 15.881.895,14 | R$ 22.910.713,90 | R$ 21.624.602,16 |
| **Base** | R$ 14.189.509,83 | R$ 17.978.733,45 | R$ 30.038.856,76 | R$ 38.080.180,80 |
| **Melhor** | R$ 14.710.808,46 | R$ 19.109.350,70 | R$ 34.272.476,70 | R$ 48.993.154,97 |

| Valores Financeiros (Líquidos de IR) | | | | |
|---|---|---|---|---|
| **Cenários** | **3 anos** | **5 anos** | **10 anos** | **15 anos** |
| **Pior** | R$ 12.839.169,79 | R$ 15.197.610,87 | R$ 21.067.968,80 | R$ 18.609.144,93 |
| **Base** | R$ 13.693.083,36 | R$ 16.979.923,43 | R$ 27.126.890,23 | R$ 32.596.386,78 |
| **Melhor** | R$ 14.136.187,19 | R$ 17.940.948,10 | R$ 30.725.467,18 | R$ 41.872.414,82 |

Na primeira página estão as premissas utilizadas, o porcentual por classe de ativo e suas respectivas simulações de performance em cenários melhores ou adversos.

Na segunda página, são fornecidas projeções de rentabilidade futura, também fundamentadas em premissas. É imprescindível ressaltar que esses cenários estão sujeitos a mudanças, o que significa que o retorno pode variar. Aqui, apresentamos qual é o potencial patrimônio do cliente, bruto e líquido de imposto, em janelas longas de tempo. No exemplo, considero 3, 5, 10 e 15 anos e também cenários base, pior e melhor. E, na terceira página, o ano a ano do patrimônio simulado.

Na prática, estamos oferendo um planejamento patrimonial personalizado. Entretanto, é importante notar que, em todas as situações, retornamos à alocação conservadora, moderada ou agressiva, mas nunca mencionamos essas palavras, apenas induzimos ao risco de acordo com o porcentual por classe de cada ativo. Isso nos permite, como assessores financeiros e instituição, fornecer uma solução escalável, pois estamos sempre nos mantendo nos patamares de alocação predeterminado pelo time de gestão, mas, ao mesmo tempo, assegurando um atendimento de qualidade e personalizado. Para o cliente, garantimos uma carteira adaptada às suas necessidades.

### 3.2.7. Transparência

E, por fim, chegamos ao item 3, transparência.

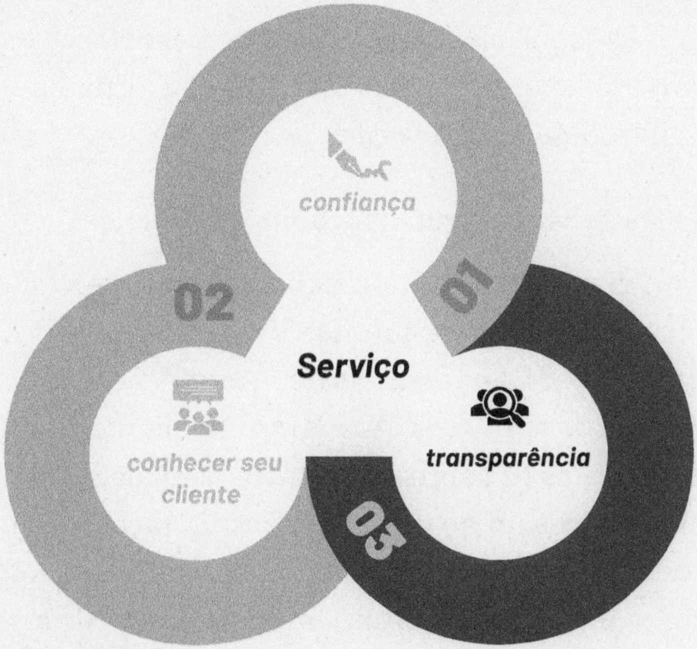


**Transparência**

- **Combinar fluxo de comunicação/encontros**
  - Agenda de ligações/e-mail e reuniões do ano organizadas com antecedência.
  - Deixar claro o atendimento personalizado.
  - Assuntos de interesse/preocupação do cliente enviados de maneira esporádica.

- **Informar as taxas**: Quanto o cliente paga (seja *fee based* ou transacional). Pensar no que pode levá-lo a nos indicar nos fins de semana (amigos do golfe, por exemplo).
    - Não esqueça: utilize táticas de negociação e entenda o viés comportamental (Daniel Kahneman em seu livro *Rápido e Devagar*)!

### 3.2.8. Nesta seção, abordo dois pontos cruciais.

1. Primeiramente, a importância de manter uma comunicação clara e frequente com o cliente, combinando uma variedade de canais de informação e organizando encontros regulares. Ao manter os clientes informados, fazendo-os se sentirem seguros, seu dia a dia fica mais produtivo sem as constantes solicitações de informações. Ou seja, você é dono de sua agenda. Após realizar o planejamento patrimonial e definir a alocação financeira por classe de ativos, como falamos acima, é essencial já estabelecer uma agenda de encontros periódicos com o cliente.

   Por exemplo, podemos agendar reuniões a cada quatro meses ao longo do ano. Durante esses encontros, revisamos o planejamento patrimonial, levando em consideração a situação atual do cliente, tais como saber se seus planos de aposentadoria se mantêm intactos, se houve mudanças no estado civil ou projetos de vida, além de ajustar as estratégias de investimento de acordo com as mudanças no cenário econômico. É importante, também, estabelecer um fluxo de contatos telefônicos a cada dois meses, por exemplo, e enviar mensagens ou utilizar o WhatsApp para informações rápidas e importantes do dia a dia.

2. Em segundo lugar, destaco a necessidade de transparência nas taxas que o cliente paga e nas receitas da instituição. Infelizmente, poucas instituições adotam essa transparência. No entanto, acredito que é fundamental para estabelecer uma relação de confiança com o cliente. Quando apresentamos as taxas de maneira clara e justa, evitamos qualquer dúvida ou desconforto por parte do cliente. A transparência é essencial para garantir uma relação duradoura e bem-sucedida com o cliente.

   Para auxiliar em como apresentar a taxa que o cliente paga, sem que ele tenha perguntado e ainda podendo se deparar com um concorrente mais barato, me beneficio ao utilizar a estratégia do viés de ancoragem, tema que retomarei no final deste livro. Ao adotar essa abordagem transparente, construímos uma relação sólida e mutuamente benéfica com o cliente ao longo do tempo.

Por fim, e para concluir, estes três pilares:

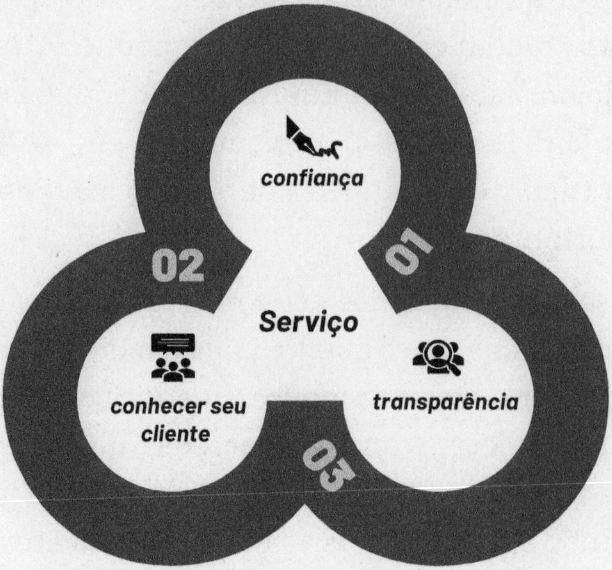


Em resumo, oferecer um serviço de qualidade em uma assessoria financeira vai além de simples consultoria. Envolve ser proativo e bem organizado, gerenciando eficientemente sua própria agenda e se antecipando às necessidades do cliente, em vez de apenas reagir a problemas e demandas. Um assessor financeiro bem organizado investe tempo para conhecer profundamente o cliente, pois conhecê-lo o possibilita a oferecer um serviço personalizado e de alta qualidade, um comprometimento que resulta em maior satisfação do cliente, refletida em:

- Maior NPS (*Net Promoter Score*).
- Maior receita.
- Maior fidelidade.

- Satisfação. O cliente satisfeito faz mais negócios e aumenta o SOW (*Share of Wallet*)
- Indicação de um maior número de potenciais clientes.

E encerro aqui, salientando a enorme importância e relevância em saber trabalhar em equipe. Monte um time de qualidade, com pessoas de confiança e que também saibam trabalhar em equipe. É como afirmou Michael Jordan: “O talento ganha o jogo, mas apenas o time ganha o campeonato.” Contar com a equipe certa é fundamental, desde o atendimento inicial até o planejamento patrimonial, do *back office* à gestão, do *compliance* ao pessoal de suporte e operacional.

CAPÍTULO

4

# AS REUNIÕES PRECISAM SER UMA EXPERIÊNCIA

*"Prestar um bom serviço significa colocar-se no lugar do cliente, entender suas necessidades e superá-las, entregando mais do que ele esperava."*
*– **Howard Schultz**, ex-CEO da Starbucks.*

**Tornar todo contato com o cliente como se ele fosse o único**, fazendo-o se sentir sempre querido e acolhido.

**Ética nas sugestões**, **profissionalismo** sempre e ganhar nos **detalhes**.

É fundamental refletir sobre boas experiências cotidianas e considerar como podemos aplicá-las na vida profissional e na relação com nossos clientes. Para ilustrar, trago quatro exemplos sobre encantamento e transformar o básico em experiência:

1. O parque da Disney
2. Uma loja da marca Reserva
3. Um estádio de futebol em Miami
4. Uma viagem de primeira classe

## 4.1. Experiência "Disney"

Imagine um dia no parque da Disney. O calor intenso, as longas filas ou a tensão em agendar um próximo brinquedo no Fast Pass; o novo aplicativo do parque, sentado na calçada comendo frituras; o medo de perder os filhos e a exaustão. Passamos o dia pensando em voltar para o hotel, tomar um banho e descansar. Mesmo assim, no final do dia, ao ver o sorriso no rosto de seu filho, parece que tudo é esquecido e valeu a pena. Após alguns dias em Orlando, frequentando diversos parques, você retorna para sua casa e pensa: "Agora eu preciso tirar férias das férias." E depois de uns poucos anos, apenas memórias maravilhosas em sua mente, e lá está você novamente comprando passagens para voltar a Orlando.

A explicação para o ambiente acolhedor da Disney é fascinante. Primeiramente, todos os funcionários, desde o responsável por estacionar os carros até quem vende pipoca, estão sempre sorrindo. Esse é um detalhe crucial, pois o sorriso tem um efeito químico no cérebro, evocando memórias positivas. Isso é semelhante à experiência de um corredor de maratona: quando atinge o quilômetro 32 e começa a sentir muita dor, ele sorri para enganar o cérebro e seguir em frente.

Faça uma experiência ao caminhar pela rua: ao ver alguém sorrindo, automaticamente nos sentimos bem, enquanto que uma expressão de preocupação nos lembra de desafios e preocupações. Portanto, o sorriso desempenha um papel importante em nosso bem-estar emocional.

Além disso, outro detalhe encantador da Disney é a atenção aos mínimos detalhes. Tudo é cuidadosamente mantido, desde as árvores até o asfalto das ruas, criando um ambiente bonito e perfeito. Não à toa, muitos já disseram: "Eu queria morar dentro da Disney."

Por fim, a música ambiente desempenha um papel essencial em transmitir uma sensação de paz e tranquilidade. Isso é evidente até mesmo em locais como a sala de espera de um dentista, onde a música é cuidadosamente selecionada para acalmar os pacientes.

## 4.2. Experiência "Reserva"

Ao visitar uma loja da marca que respeito e admiro muito, a Reserva, tive uma experiência marcante que gostaria de compartilhar. Em julho do ano passado, adquiri um par de tênis que, por algum motivo e provavelmente mal uso meu, começou a descosturar em poucos meses. Em dezembro, ao retornar ao shopping para comprar o presente de Natal do meu irmão, passei em frente à loja da Reserva e notei um vendedor.

Embora não estivesse planejando reclamar, decidi compartilhar que os tênis que havia comprado estavam com problemas. Fiz isso mesmo sem a intenção de trocá-los. O vendedor, gentilmente, perguntou meu tamanho e prontamente me entregou um novo par, dizendo que era um pedido de desculpas pelo inconveniente.

Surpreso e grato pela atitude, questionei o que fazer com o par antigo que eu estava usando. Ele simplesmente disse para eu ficar com ele, doar ou devolver à loja, dispensando qualquer formalidade ou transtorno.

Essa experiência não apenas resolveu meu problema, mas também me impressionou profundamente. Eu me tornei um admirador da Reserva, especialmente ao conhecer o sócio-fundador, que enfatiza a importância de tornar cada venda uma experiência. Essa abordagem, semelhante ao lema de Steve Jobs sobre cada compra ser uma experiência, é aplicada com maestria pela Reserva.

## 4.3. Experiência "Hard Rock Stadium"

A terceira experiência reflete o estádio de futebol em Miami, experiência compartilhada e mencionada no início deste livro.

## 4.4. Experiência "First Class"

Por último, uma viagem de primeira classe. Poucos se atentam para o quão interessante pequenas diferenças no conforto e qualidade do atendimento podem transformar a experiência entre uma viagem de primeira classe versus a classe econômica. Ambas partem do mesmo ponto e chegam ao mesmo destino, com a mesma aeronave, a mesma tripulação, o mesmo piloto e as mesmas condições de turbulência. No entanto, as experiências são completamente distintas. Isso me leva a refletir: em todos os momentos que me reunirei, escreverei ou conversarei ao telefone com um cliente, como criarei naquelas ocasiões uma experiência de "primeira classe".

Assim como esses exemplos, cada interação com o cliente deve ser uma oportunidade para proporcionar uma experiência única e memorável, seja no ambiente da loja, no estádio de futebol ou em uma sala de reunião. É nos detalhes e no comprometimento em superar as expectativas do cliente que se encontra a chave para o sucesso.

### 4.4.1. Hotéis DoubleTree: Estratégia de marketing do biscoito de chocolate

Por fim, gostaria de compartilhar uma história sobre os hotéis DoubleTree, da rede Hilton. Recentemente, li um estudo que analisou a eficácia de uma prática simples de marketing:

oferecer um biscoito de chocolate no momento do check-in. Surpreendentemente, a pesquisa revelou que 1/3 dos hóspedes dos hotéis DoubleTree mencionam o biscoito de chocolate para alguém todos os dias.

Considerando que os hotéis DoubleTree recebem cerca de 75 mil pessoas por dia, isso significa que aproximadamente 25 mil pessoas estão compartilhando diariamente suas experiências positivas com o biscoito de chocolate. Isso demonstra como uma ação simples pode se tornar um poderoso instrumento de marketing.

Essa história reforça o título deste livro: O Básico Bem Feito. No entanto, é importante ressaltar que, mesmo oferendo essa experiência sensorial, se os aspectos básicos, como ter água quente no banho, travesseiros e roupas de cama confortáveis, bem como um ambiente agradável, não fossem cuidados adequadamente, a repercussão positiva da experiência não existiria.

O sistema sensorial do ser humano é composto por audição, paladar, tato, olfato e visão. Neste exemplo, trouxemos o paladar, mas o mesmo princípio se aplica aos outros sentidos. Cada detalhe conta na criação de uma experiência memorável para o cliente.

CAPÍTULO

# 5

# COMO CRIAR EXPERIÊNCIAS EM UMA SALA DE REUNIÃO COM SEU PROSPECTIVO OU CLIENTE

> ***"As pessoas esquecerão o que você disse, esquecerão o que você fez, mas nunca esquecerão como você as fez sentir."***
> **- Maya Angelou,** *escritora e poeta*

Neste capítulo explorarei como se utilizar do sistema sensorial a seu favor, no que se refere a paladar, visão, audição e olfato.

Comece escolhendo uma boa localização para seu escritório. Opte por um prédio elegante e de fácil acesso, onde o cliente possa chegar confortavelmente de carro e estacionar com facilidade ou chegar de táxi com segurança.

É essencial que seu escritório seja bonito e tenha um ambiente agradável, com uma sala de reuniões que faça o cliente se sentir em casa. Lembre-se de que isso não é um custo, mas sim um investimento.

Para criar uma excelente experiência ao cliente dentro da sala de reuniões, considere os seguintes aspectos:

Atualmente, é comum que os clientes cheguem às reuniões com comentários envolvendo um de três tópicos: (1) Descontentamento político, (2) reclamações sobre o trânsito e (3) medo da violência nas ruas. Embora seja natural que nós, como profissionais gentis, não impeçamos a continuidade desses assuntos para sermos simpáticos, isso pode prolongar um clima negativo, especialmente se a rentabilidade naquele mês não for favorável.

Para superar essa situação, sugiro que, ao chegar, o cliente espere por 3 a 5 minutos; mais do que isso seria indelicado. Durante esse tempo, coloque uma caixinha de som tocando jazz, blues ou música instrumental suave. Utilize seu próprio celular com uma pequena caixa de som para isso. Tenha uma televisão grande na sala de reuniões exibindo imagens que limpem a mente do cliente, como castelos, montanhas nevadas, parques floridos ou veleiros no oceano.

Essas imagens, combinadas com a música agradável, ajudarão a limpar a mente do cliente, trazendo boas memórias, sonhos e objetivos de conquista. Nesse momento você se torna uma peça fundamental para as conquistas e planos desse cliente, e ele terá com você uma relação que transcende a rentabilidade, ajudando-o a construir e atingir seus planos pessoais.

Quando oferecer um café, chá ou água, assegure-se de que a pessoa encarregada esteja bem-vestida e sorrindo.

A sala de reuniões deve ser limpa, bem decorada e acolhedora, quase uma extensão da casa do cliente. Lembre-se: investir em uma sala de reuniões de qualidade não é um custo, mas um investimento.

É crucial que, além da qualidade do café servido, haja um toque especial, como um biscoito de chocolate, uma bala de coco ou algo que se torne uma referência ao seu escritório. Utilize o paladar do cliente a seu favor com uma lembrança afetiva e saborosa. Talvez um aroma característico do ambiente, sem exageros. Sempre que o cliente experimentar aquele mesmo doce ou aroma em outro lugar, ele lembrará de você.

Voltando ao nosso sistema sensorial, a aparência do escritório deve trazer conforto visual, um perfume agradável deve marcar o ambiente, assim como a qualidade do café e dos doces devem remeter a boas memórias, conectando o paladar e o olfato. E, claro, a música suave e as imagens devem tranquilizar o cliente, completando a experiência sensorial.

## 5.1. Ligação ao cliente André

E, por fim, compartilho um exemplo real de uma ligação feita para um cliente com o objetivo de vender um produto. Antes da ligação, abri o CRM onde mantenho todas as informações do cliente, garantindo que nenhum detalhe importante seria esquecido. Minha organização me lembrou o recente aniversário de sua neta, Priscilla.

Sempre sugiro começar uma ligação com um toque pessoal nos primeiros minutos para quebrar o gelo e depois entrar no propósito da conversa. Comecei perguntando sobre a neta que havia acabado de completar 3 aninhos no mês anterior, chamando-a pelo nome e perguntando sobre a experiência de ser avô.

Esse cliente, especificamente, costumava fazer uma viagem anual com amigos para andar de bicicleta na Europa todo mês de julho. Perguntei sobre o próximo destino, e ele explicou animadamente. Após cerca de cinco minutos de conversa, saí do lado pessoal e entrei no lado profissional.

Expliquei que o objetivo de minha ligação era sugerir uma troca de posição em sua carteira. Antes de apresentar o novo produto, deixei claro que entendia suas características estruturais de alocação: "Sei que você deixa até 15% em ativos sem necessidade de liquidez e tem um máximo de 2% por emissor. Você tem um ativo próximo do vencimento com um ganho significativo que gostaria de sugerir vender e trocar por um outro produto..." Antes que eu terminasse, ele me interrompeu e pediu que eu executasse a sugestão, mesmo sem ouvi-la completamente, argumentando que já tínhamos uma reunião planejada para maio, onde ele poderia ouvir mais detalhes.

Ao encontrá-lo na reunião, tive uma grata surpresa: além do patrimônio que tinha comigo, ele decidiu transferir a posição que mantinha em outras duas instituições financeiras, concentrando 100% do patrimônio comigo. Fiquei muito honrado e ainda mais feliz com sua explicação do porquê. Ele disse que as outras instituições também ligaram para oferecer o mesmo produto, mas de forma muito técnica, e ele logo esquecia a conversa. Eles eram profissionais ligando para mais um cliente para fazer uma venda, enquanto eu tinha ligado para o André, sabia o nome da neta, o percentual máximo de iliquidez e detalhes que o fizeram se sentir abraçado e bem cuidado. A alocação parecia feita sob medida, e ele queria ser o André, não um número.

Então, lembrem-se de que o ser humano tem órgãos importantes: cérebro, pulmão, coração e o "bolso". E nós somos os médicos do bolso. Precisamos cuidar do cliente de forma individualizada. Aqui retomo todo o racional novamente: o cliente espera receber um serviço de qualidade, e isso só é possível com um bom planejamento patrimonial, alcançado apenas quando se dedica tempo para conhecer o cliente. Isso é viável apenas quando se mantém um número máximo de clientes em sua carteira. Falaremos mais sobre isso ao longo deste livro.

CAPÍTULO

# 6

# ESTRATÉGIAS DE ALOCAÇÃO: ASSET ALLOCATION VS MARKET TIMING VS STOCK PICKING

***"O mercado de ações é um dispositivo para transferir dinheiro dos impacientes para os pacientes."***
*– **Warren Buffet**, ao enfatizar a importância de se ter paciência e investir no longo prazo.*

Após discutirmos a importância de um bom planejamento patrimonial, é fundamental explorarmos as três etapas principais de uma alocação financeira eficaz:

1. **Asset Allocation**: Representa a distribuição percentual dos investimentos por classe de ativo, ou seja, quanto será alocado em Renda Fixa, Renda Variável, Multimercado, Dólar, entre outros.
2. **Market Timing**: Refere-se ao momento de alocar ou desalocar em uma classe de ativo. Por exemplo, ao decidir alocar 20% em dólar, a questão é se essa alocação será feita de uma só vez ou de forma escalonada, baseada em prazos ou variações de preço.
3. **Stock Picking**: Trata-se da seleção dos ativos que comporão cada classe. Dentro da Renda Fixa, por exemplo, a escolha pode ser entre o CDB A ou B, enquanto na Renda Variável, a decisão será entre a ação X ou Y.

O que defendo aqui, amplamente respaldado por diversas literaturas e renomados investidores, é que o Asset Allocation é responsável por 80–90% dos resultados no longo prazo. No entanto, como determinar a alocação correta entre as diferentes classes de ativos? A resposta está no que já discutimos nos capítulos anteriores: a alocação deve ser feita com base em um planejamento patrimonial adequado, orientado pelos objetivos e características individuais do investidor.

Um dos maiores erros que vejo é a tentativa de definir a alocação com base em perfis de risco padronizados, com perguntas como: "Você é conservador, moderado ou agressivo?", "Aceita meses de retorno negativo?" ou "Tolera um desempenho abaixo do *benchmark* anual?". Essas abordagens são falhas porque, na realidade, nós, seres humanos, não conseguimos prever nossa verdadeira tolerância ao risco até enfrentarmos uma situação real de crise. Fazer essas perguntas é como perguntar a alguém se tem medo de voar. A resposta verdadeira só aparece quando a pessoa está a 10 mil metros de altura, no meio de uma turbulência.

Da mesma forma, os investidores só descobrem sua real aversão ao risco quando passam por um mês com perdas significativas de patrimônio. O ponto que defendo é que, se o Asset Allocation for baseado em um planejamento sólido, voltado para a busca de uma rentabilidade específica que apoie uma meta pessoal maior, o investidor estará mais preparado para enfrentar crises sem realizar prejuízos. Ele estará consciente, por meio de simulações e *backtests*, de que momentos de crise são inevitáveis, e, por isso, tende a manter a calma e evitar vender seus ativos no pior momento. Em contraste, o investidor que alocou em ativos de maior risco apenas na esperança de obter altos retornos acaba desapontado em tempos de crise, resgatando com prejuízo e, muitas vezes, perdendo a oportunidade de recuperação quando o mercado volta a subir.

## 6.1. Estruturação do portfólio para seu cliente

Para exemplificar, ao apresentar uma carteira de alocação a um cliente, é comum — e muitas vezes exigido — que apresentemos o desempenho histórico dos últimos 12 ou 24 meses, além de um *backtest* da carteira. Esse tipo de análise é fundamental para dar ao cliente uma visão clara do comportamento passado da alocação e ajudá-lo a entender os possíveis cenários futuros.

### 6.1.1. PASSADO: olhando o retrovisor, alocações com base nos últimos 12/24 meses

Assim como apresentamos o desempenho histórico dos últimos 12 e 24 meses da carteira, também procuramos projetar o futuro junto com nossos analistas e economistas. Quais são as perspectivas para os próximos meses? É hora de assumir mais riscos? Quais são os melhores ativos para se investir?

Esse tipo de análise é importante, pois não basta apenas olhar para o passado. Precisamos estar atentos às mudanças e ajustar a alocação conforme as expectativas para o futuro. Contudo, apesar de nosso esforço em prever o que está por vir, sabemos que prever o futuro com precisão é impossível. O que podemos fazer é nos preparar, ajustando as carteiras para que sejam capazes de lidar com diferentes cenários e garantindo que o cliente esteja ciente dos riscos e oportunidades.

Nosso trabalho, portanto, envolve não só entender o passado e projetar o futuro, mas também construir portfólios sólidos e flexíveis, prontos para enfrentar o que vier pela frente.

### 6.1.2. FUTURO: Sempre queremos e tentamos acertar o futuro

1. **Simulação de uma situação fictícia**

   Vou apresentar uma tabela com dados que vão de 1928 até 2022

| Ano | S&P | 10 Anos | 60/40 |
|---|---|---|---|
| 2004 | 10,9% | 4,5% | 8,3% |
| 2005 | 4,9% | 2,9% | 4,1% |
| 2006 | 15,8% | 2,0% | 10,3% |
| 2007 | 5,5% | 10,2% | 7,4% |
| 2008 | -37,0% | 20,1% | -14,2% |
| 2009 | 26,5% | -11,1% | 11,4% |
| 2010 | 15,1% | 8,5% | 12,4% |
| 2011 | 2,1% | 16,0% | 7,7% |
| 2012 | 16,0% | 3,0% | 10,8% |
| 2013 | 32,4% | -9,1% | 15,8% |
| 2014 | 13,7% | 10,7% | 12,5% |
| 2015 | 1,4% | 1,3% | 1,3% |
| 2016 | 12,0% | 0,7% | 7,5% |
| 2017 | 21,8% | 2,8% | 14,2% |
| 2018 | -4,4% | 0,0% | -2,6% |
| 2019 | 31,5% | 9,6% | 22,7% |
| 2020 | 18,4% | 11,3% | 15,6% |
| 2021 | 28,7% | -4,4% | 15,5% |
| 2022 | -20,3% | -19,5% | -19,9% |

*Fonte: Compound @charliebiello* em 21/10/22*

A tabela acima apresenta a rentabilidade ano a ano de três diferentes ativos: o S&P, representando a renda variável; o *treasury* de 10 anos, representando a renda fixa; e uma carteira moderada, com 60% em renda fixa e 40% em renda variável.

Você verá, em diversos anos, que a renda fixa norte-americana apresenta retornos negativos. Isso acontece porque, nos Estados Unidos, não há títulos pós-fixados como no Brasil. Lá, a renda fixa está sujeita a volatilidade e até a perdas, o que pode surpreender muitos investidores.

Agora, imagine o seguinte cenário: um cliente recebe um grande volume financeiro no início de 2009, seja por bônus, venda de uma empresa, herança, ou outro motivo. Ele então entra em contato com seu assessor de investimentos em busca de orientação para alocar esses recursos.

O assessor faz um trabalho exemplar ao conhecer profundamente o cliente, seus objetivos de vida e metas financeiras. Com base nisso, e na análise do cenário econômico, incluindo as taxas de juros da época, a alocação recomendada foi de 60% em renda fixa e 40% em renda variável — uma carteira moderada.

Com base na tabela, o assessor apresentou o desempenho da carteira moderada, que nos últimos 12 meses teve um retorno de -14,2%, mas que, nos últimos 24 meses, apresentou um resultado negativo de -6,8%. Ao detalhar os ativos, a parcela de renda variável teve uma queda de -37,0% em 12 meses e de -31,5% em 24 meses. Já a renda fixa apresentou em retorno positivo nos mesmos períodos, com resultados de 20,1% e 30,3%, respectivamente.

Diante disso, o viés comportamental tende a influenciar o cliente a olhar para o passado recente e questionar a alocação moderada, preferindo mover tudo para renda fixa, que parecia mais segura no curto prazo. Isso é ainda mais comum com clientes que não têm experiência ou interesse em investimentos, como médicos, advogados ou empresários da economia real. Nesses momentos, o assessor, para evitar confronto e um possível "eu te avisei" no futuro, acaba cedendo à vontade do cliente, mesmo sabendo que essa não é a melhor decisão.

O risco dessa postura é claro: se o cliente estiver errado, ele pode voltar com o famoso "eu te contratei para me orientar, você é o especialista". Por isso, o correto é manter a alocação ideal baseada no planejamento patrimonial e nos objetivos familiares, sem se deixar influenciar pelo desempenho recente, seja ele bom ou ruim.

Seguindo o exemplo da tabela, após um ano de relacionamento, no início de 2010, a carteira mostra uma rentabilidade negativa de menos 11%. O assessor, porém, reforça que é necessário focar o longo prazo. Um ano depois, em 2011, a carteira continua negativa em menos XX%, mesmo com o desempenho positivo do ano em questão. O cliente, vendo a valorização de 40% da renda variável nos últimos 24 meses, pede para ajustar a carteira, incluindo mais ações. No ano seguinte, entretanto, a bolsa rende apenas 2%, enquanto a renda fixa sobe 16%. O cliente, insatisfeito, decide voltar para 100% em renda fixa, que tem um retorno de 3% no próximo ano, enquanto a bolsa sobe 16%. E assim continua o ciclo.

Lembro-me de diversos casos em que clientes resgataram de fundos de renda variável extremamente qualificados por causa de uma janela de 12 meses negativos, mesmo após anos de excelente performance. Tomamos decisões baseadas em resultados passados para definir futuras alocações, o que frequentemente resulta em prejuízos.

### 6.1.3. Contra fatos não há argumentos

Essa atitude de se basear apenas no histórico recente reflete-se claramente nos resultados. Em uma janela de 20 anos, de 2002 a 2021, o S&P teve um retorno médio anual de 9,5%, enquanto o retorno médio anual dos investidores pessoas físicas foi de apenas 3,6%. E estamos falando de um dos índices de renda variável mais sólidos e sofisticados do mundo, com um grande número de amostras.

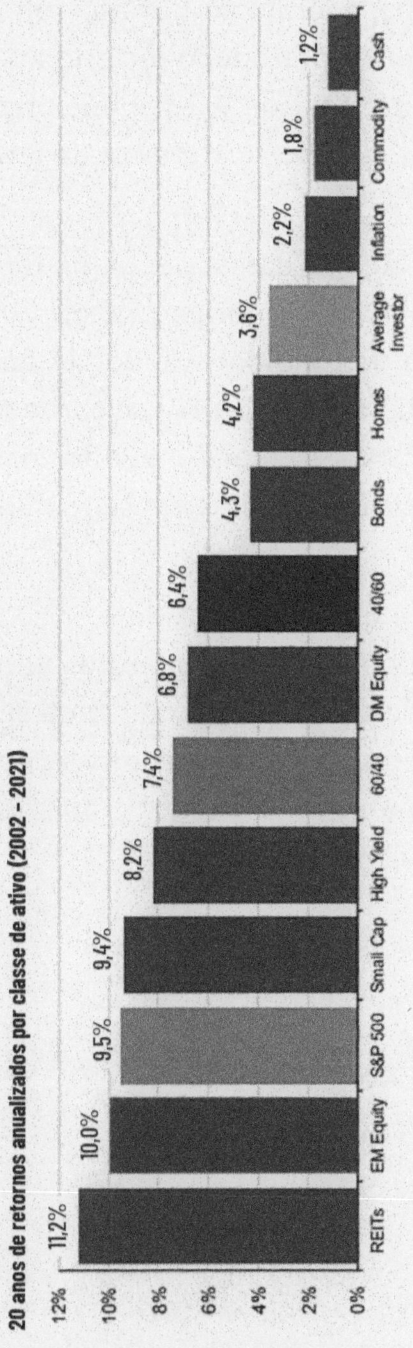


*Fonte: J.P Morgan Asset Management*

Trago, a seguir, o desempenho médio anual do S&P em outra janela de tempo, agora com um horizonte de 27 anos, entre 1995 e 2022. Nesse período, o retorno médio foi de 8% ao ano, levemente inferior aos 9,5% mencionados anteriormente, simplesmente devido à diferença da janela de tempo analisada.

Agora, observem algo interessante e que reforça a importância de sempre focarmos o longo prazo: se retirarmos os 40 melhores dias de rentabilidade ao longo desses 27 anos, a rentabilidade média anual do S&P se torna negativa. Vou repetir: se excluirmos os 40 dias de melhor performance ao longo de 27 anos, o S&P teria uma rentabilidade anualizada negativa.

E o mais curioso é que, normalmente, 7 dos 10 melhores dias ocorrem logo após um período muito ruim. Isso mostra como o mercado pode se recuperar de forma surpreendente, e por que é tão importante manter a calma e não fazer ajustes precipitados em momentos de crise.

TAXA DE CRESCIMENTO ANUAL COMPOSTO DO S&P 500
(1º de janeiro de 1995 – 16 de novembro de 2022)

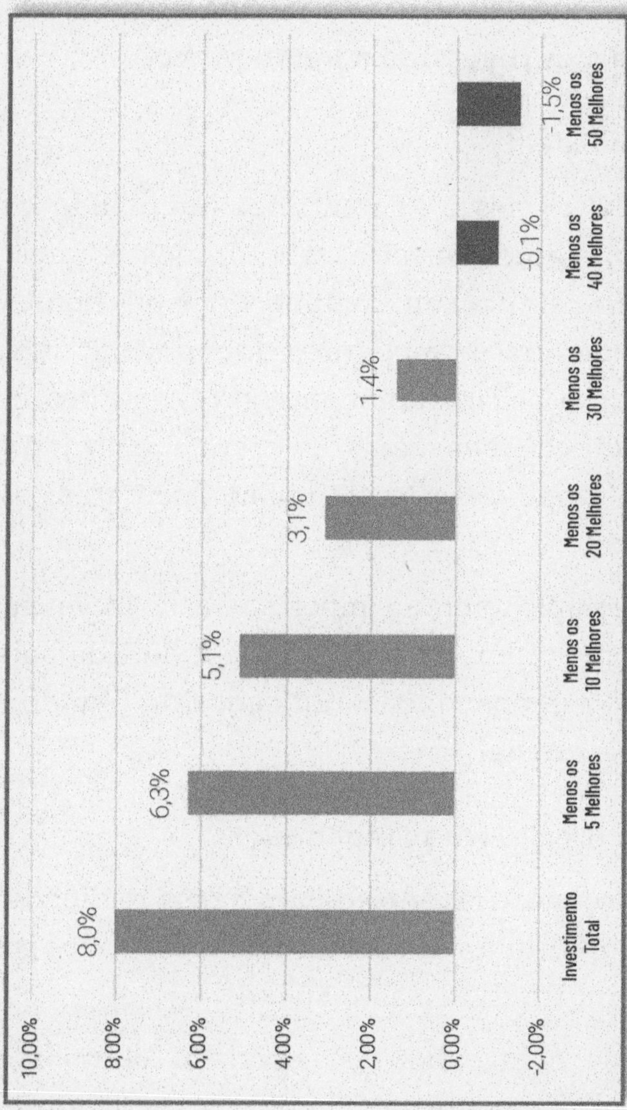


*Fonte: J.P Morgan Asset Management*

Há uma frase famosa de um renomado investidor que diz: "O segredo não está em *market timing*, mas sim em *time in the market*." Ou seja, **o foco não deve ser em tentar acertar o momento exato de entrada e saída do mercado, mas sim em se manter investido a longo prazo**.

### 6.1.4. Caso Fidelity

Para ilustrar isso, a Fidelity fez um estudo interessante sobre as melhores carteiras dos últimos 10 anos. O que essas carteiras tinham em comum? Eram de clientes falecidos. Isso mesmo. Eram de clientes que, por não mexerem nos investimentos, acabaram mantendo suas alocações durante períodos difíceis, sem pedir resgates ou realizar prejuízos. Ao longo do tempo, essas carteiras apresentaram os melhores desempenhos.

Esse exemplo reforça a importância da paciência e do longo prazo. Como vimos no exemplo do índice da bolsa norte-americana, um dos mais sofisticados do mundo, manter-se investido é crucial.

### 6.1.5. E no Brasil, isso se repetiria?

Agora, vamos trazer isso para nossa realidade brasileira. A seguir, apresento uma análise de respeitados gestores *long only* e do índice da bolsa brasileira.

Permanecer investido nesse período foi fundamental para atingir o nível de retorno. O retorno acumulado do investidor é negativo caso ele fique de fora da performance dos 30 melhores dias de cada um dos fundos.

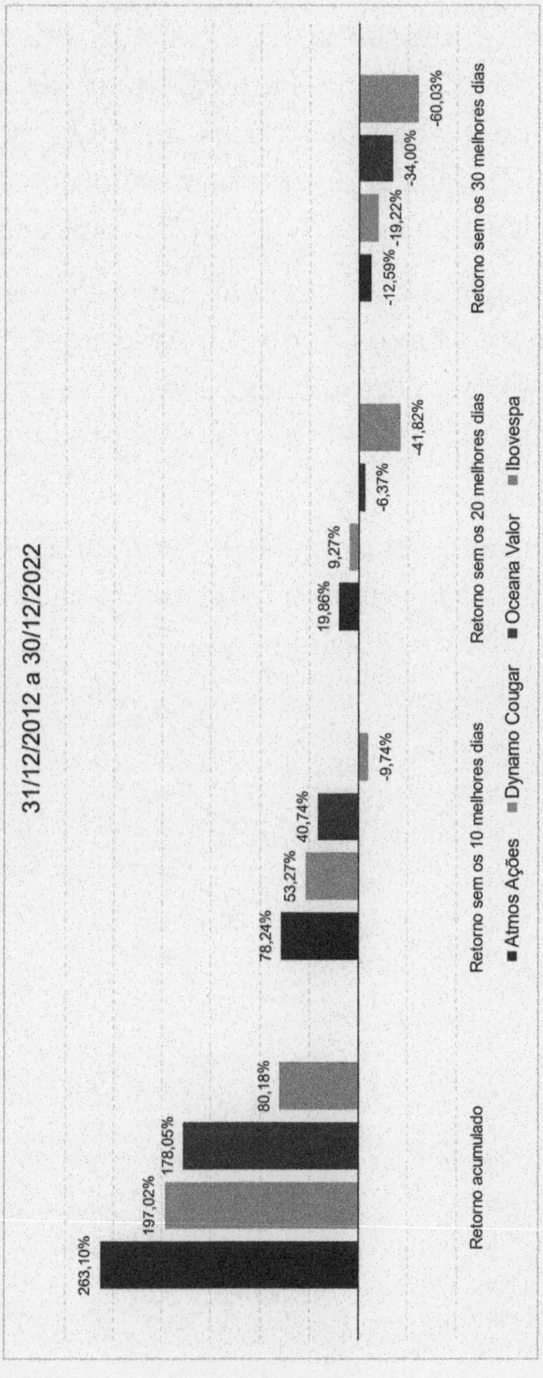


*Fonte: Quantum Axis*

Os gestores e fundos mencionados acima são extremamente renomados, com um controle de risco de altíssimo nível e profissionais de excelência. Para exemplificar, selecionei aleatoriamente uma janela de 10 anos, de 2012 a 2022. Nesse período, um dos fundos apresentou um retorno absoluto de 260%, outro atingiu quase 200% e o último, próximo de 100%.

Agora, se retirarmos os 30 melhores dias de performance nesse intervalo de 10 anos, todos os fundos, sem exceção, passam a apresentar retornos negativos. Esse dado reforça como poucos dias no mercado podem fazer toda a diferença no resultado final.

Decidi também ampliar a análise e trazer uma amostragem de outro ativo de risco que não fosse renda variável. Nesse caso, foquei a classe de Multimercados.

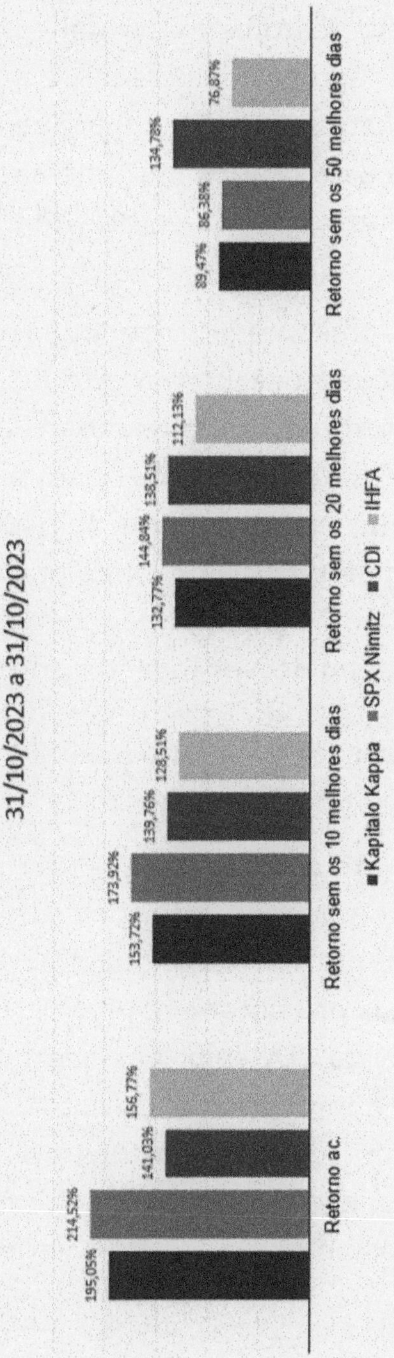


*Fonte: Quantum Axis*

Selecionei alguns dos melhores fundos multimercados brasileiros, todos com gestores extremamente qualificados e com um histórico longo de consistência e retorno positivo. Para termos uma amostragem mais ampla e sem viés, também incluí o CDI e o índice de fundos multimercados brasileiros. Novamente, escolhi uma janela aleatória de 10 anos, de 2013 a 2023.

A terceira barra representa o CDI, e todos os fundos apresentaram uma performance no período de 130%, 140% e 150% do CDI. No entanto, quando retiramos os 50 melhores dias de performance, todos os fundos ficaram abaixo do CDI. Isso reforça, mais uma vez, que ativos de risco precisam ser avaliados com uma perspectiva de longo prazo — e não apenas em janelas de 12 ou 24 meses, que são insuficientes para capturar o real potencial desses investimentos.

### 6.1.6. A importância em se respeitar o Asset Allocation, baseado no planejamento correto

Aqui, volto ao ponto dos capítulos anteriores: para que o investidor consiga enfrentar períodos ruins de 12, 24 ou 36 meses, é fundamental ter um planejamento patrimonial sólido. Se você apenas prometer que uma carteira moderada sempre renderá 130% do CDI, sem considerar variáveis externas, crises e até mesmo um pouco de sorte, o fracasso será inevitável no longo prazo. O que é necessário é uma relação de confiança com o cliente, construída em um planejamento patrimonial cuidadoso e baseado nos objetivos específicos daquela família.

David Swensen, que foi gestor do fundo de pensão da Universidade de Yale por 36 anos, defendeu isso em seu livro *Pioneering Portfolio Management*. Ele argumenta que 80% a 90% dos resultados de longo prazo vêm do Asset Allocation correto e apenas 10% a 20% do Market Timing e Stock Picking. Swensen também destaca a importância de rebalancear a carteira ao longo do tempo. Se um ativo de risco performa acima da média e sua proporção na carteira aumenta, é fundamental rebalancear e retornar ao porcentual original, independentemente do cenário. Isso evita o acúmulo de risco excessivo e indesejado.

Um segundo ponto que considero crucial é a união do Asset Allocation com os juros compostos. Warren Buffett, famoso por sua estratégia de longo prazo, ilustra bem esse princípio. Segundo a Forbes e o Google, Buffett, em 2023, tinha um patrimônio estimado em US$87 bilhões, e ele diz que 99% desse valor foi acumulado após os 50 anos de idade. Isso demonstra o poder do tempo e dos juros compostos quando combinados com uma alocação eficiente.

Por fim, uma literatura que admiro demais é *A Psicologia Financeira*, de Morgan Housel, que mais recentemente escreveu *O Mesmo de Sempre*, do qual destaco a seguinte frase:

> "Risco é o que não enxergamos – Somos muito bons em prever futuro, exceto pelas surpresas, que tendem a ser tudo o que importa."

Agora, imagine que, no início do ano, tivéssemos uma previsão sólida de que a bolsa subiria 20%, e, com base nisso, recomendássemos ao cliente uma alocação maior em renda variável. Mas, ao final do ano, a bolsa subiu apenas 10% ou, pior, ficou estável ou até levemente negativa. Mesmo assim, o cliente dificilmente se sentiria alarmado ou pediria para vender suas posições em bolsa, pois haveria uma explicação razoável. Ele entenderia que outros ativos no portfólio se comportaram bem, e a estratégia seguiria normalmente.

Agora, considere uma situação de curto prazo mais crítica, causada por um evento externo inesperado, como o "11 de setembro", a crise de 2008, a pandemia de Covid-19 ou uma guerra. Nesses momentos, o mercado de renda variável pode despencar em poucos dias, com quedas superiores a 30%. Nesse cenário, o impacto psicológico sobre o investidor é imenso, pois ele vê, em questão de dias, perdas financeiras que levaram anos para serem acumuladas. Com isso, ele pode sentir a necessidade urgente de desfazer sua posição de risco para "salvar" o que ainda restou.

Uma vez que o investidor migra para ativos de baixo risco, ele acaba não participando da recuperação do mercado. Sua rentabilidade futura se mantém fraca, e cada reunião de resultados se torna desgastante, até o ponto em que o cliente decide sair, sem indicar amigos ou, pior, falando mal da experiência.

É por isso que defendo tão fortemente o Asset Allocation baseado em um planejamento patrimonial personalizado e adaptado aos objetivos do cliente. Quando isso não é feito, a relação com o cliente se baseia apenas na rentabilidade de curto prazo, o que não sustenta uma relação de longo prazo.

CAPÍTULO

# 7

# OS 4 PILARES DE APERFEIÇOAMENTO E POTENCIALIZAÇÃO PESSOAL

***Tenha sua proposta de valor profissional muito clara, de forma que consiga explicá-la a qualquer um de maneira simples e em menos de 1 minuto.***

Neste capítulo, vamos nos concentrar em como deve funcionar o *mindset* de um assessor de investimentos bem-sucedido, desde a organização pessoal até as rotinas diárias. Ter um *mindset* ajustado é fundamental para alcançar resultados consistentes e construir uma relação duradoura com os clientes. A seguir, exploraremos os principais pontos que moldam o dia a dia de um profissional de alta performance, com foco tanto em suas práticas pessoais quanto em sua interação com os clientes.

## 7.1. Mindset do assessor financeiro

O objetivo aqui é "bater na tecla" de que a forma de pensar e agir afeta a performance do assessor.

São cinco condutas fundamentais que devem ser seguidas:

**1. 24/7 ⟩⟩ 2. AUTOCONFIANÇA ⟩⟩ 3. PROPOSTA DE VALOR ⟩⟩ 4. OTIMISMO ⟩⟩ 5. NUNCA SE ACOMODAR**

**24/7**

- Frequentar os lugares certos e sempre pensar em fazer negócios
- Fazer parte de grupos de estudo, clubes, equipe de ciclismo/corrida com pessoas interessantes.
    - **Exemplo de estratégia**: Organizar uma partida de tênis / golfe e ter perguntas "armadas" para explorar assuntos do seu interesse.

### 24/7 – A mentalidade necessária

É fundamental que você tenha o trabalho em mente 24 horas por dia, 7 dias por semana. Se você planeja começar às 9 da manhã, terminar às 6 da tarde e não falar mais sobre negócios após o expediente, ou se se incomoda ao receber uma mensagem de um cliente no fim de semana, desculpe a sinceridade, mas essa profissão não é para você.

Como *banker*, é essencial que você esteja disposto a sair para jantar, mesmo com pessoas com quem não tem tanta afinidade ou intimidade. Isso inclui conversar em eventos ou festas com potenciais clientes que talvez não fossem sua companhia preferida naquele momento.

Você precisa frequentar os lugares certos, onde seus potenciais clientes estão. Isso pode significar se associar ao clube correto, e não ao que está mais próximo de sua casa, mas daqueles que seus prospectos frequentam. No fim de semana, você não é obrigado a responder imediatamente a uma mensagem de um cliente, mas não pode se irritar com isso.

Portanto, você precisa trabalhar 24 horas por dia, 7 dias por semana, ainda que em algumas ocasiões de forma menos intensa. O pensamento sobre o trabalho deve ser constante.

**AUTOCONFIANÇA**

- A importância de ter muita confiança no conteúdo apresentado, acreditar piamente que se trata de algo diferenciado e sem nenhum medo de rejeição. Acreditar que o cliente que não quis seu trabalho, "coitado dele", pois você sabe que realmente faria a diferença.

Esse talvez seja um dos pontos mais importantes. Esqueça a ideia de que você é apenas um vendedor ligando para oferecer um produto ou apresentar uma rentabilidade específica. Você é um profissional altamente qualificado, apoiado por uma equipe de suporte, gestão e toda uma estrutura preparada para dar apoio completo. Você está pronto para atender, com excelência, as demandas de cada cliente.

Você é capacitado para realizar a análise adequada, fazer o diagnóstico correto e implementar as alocações ideais para aquele cliente. Ele é um sortudo por ter encontrado um assessor de investimentos com sua ética e qualificação.

Tenha em mente que, assim como um médico faz muitas perguntas para obter um diagnóstico completo e prescrever o tratamento certo, o *banker* também necessita conhecer bem o cliente, fazendo as perguntas certas para alcançar um diagnóstico preciso e montar a carteira adequada, sempre baseada em um bom planejamento patrimonial.

**PROPOSTA DE VALOR**

- Todos temos que ter nosso discurso de venda de bate-pronto, nunca ser flagrado desprevenido, e, para isso, é preciso praticá-lo exaustivamente. Pensar nos valores que o orgulham. Poder responder em 60 segundos ou em minutos, dependendo da ocasião: o exemplo do avião/elevador ou reunião.

Tenha uma proposta de valor que você possa apresentar em 60 segundos e, ao mesmo tempo, uma versão que possa ser desenvolvida ao longo de uma hora. Por que 60 segundos?

Vou dar um exemplo simples: estou no elevador a caminho do trabalho, as portas estão se fechando quando uma mão surge entre elas, reabrindo o elevador, e um conhecido entra. É um amigo que não vejo há dez anos, mas sei que ele vendeu sua empresa e ficou muito rico. Ele olha para mim e pergunta: "Há quanto tempo! O que você anda fazendo?" Nesse momento, tenho apenas alguns segundos e alguns andares para apresentar minha proposta de valor, de forma que ele fique interessado e deseje marcar uma reunião comigo depois.

A mesma proposta de valor precisa ser eficaz em uma conversa de uma hora, quando você estiver de fato em uma sala de reunião com o cliente. Esse tipo de encontro inesperado não ocorre apenas no elevador — pode acontecer no avião, no aeroporto, no supermercado, nas férias, entre outros lugares.

**OTIMISMO**

- A assessoria é algo que requer alto nível de energia e entusiasmo. Pessoas negativas atrapalham o rendimento da operação. O assessor precisa ir para a rua, ser proativo — os negócios não baterão em sua porta. Além disso, o profissional deve ser persistente/resiliente.

Seja uma pessoa otimista com a vida. Lembra do sorriso que mencionamos nos capítulos anteriores? É agradável estar ao lado de alguém que tem uma visão positiva, que vê o copo meio cheio e mantém um bom humor. O contrário também é verdadeiro — ninguém gosta de estar perto de uma "nuvem negra" pessimista.

Portanto, seja uma pessoa com alto astral, com boa energia e vibrações positivas. Isso vale para amigos, familiares, sócios e também para a relação com clientes. Ser otimista faz bem para a vida e, sem dúvida, aumenta suas chances de sucesso.

**NUNCA SE ACOMODAR**

- Em um estudo do Merrill Lynch, perguntou-se para os *top performers* e para quem não era *top performer*: "Quem está satisfeito com sua performance?" O resultado foi que os *top performers* são mais insatisfeitos.

Uma famosa casa de Wealth Management norte-americana conduzia uma pesquisa anual, na qual perguntava aos assessores de investimento que nota dariam a si mesmos em relação ao desempenho do ano anterior. Curiosamente, os profissionais de alto desempenho se avaliavam de forma mais crítica, enquanto os de baixo desempenho davam notas elevadas.

A conclusão foi clara: os melhores profissionais nunca se acomodavam. Eles sempre se questionavam sobre como poderiam ter sido melhores, que ajustes poderiam ser feitos e como evitar falhas. Em contraste, os piores profissionais se avaliavam de maneira positiva e terceirizavam a culpa de qualquer falha, apontando para fatores externos. Dessa forma, permaneciam cegos para possíveis melhorias e não evoluíam.

Gostaria de trazer o exemplo de um atleta que respeito muito: Rafael Nadal, o tenista. No início de sua carreira, perdendo uma partida por 5 sets a 0, acabou sendo derrotado.

Muito desapontado com seu desempenho, Nadal chamou seu técnico após o jogo e afirmou que, a partir daquele momento, treinaria mais horas, se dedicaria mais, porque precisava melhorar. Para ele, aquele desempenho era inaceitável para alguém que queria crescer tanto na carreira. Em nenhum instante ele pensou em culpar o vento, a bolinha, a quadra ou o adversário.

Foi então que o técnico percebeu que Nadal havia jogado toda a partida com a raquete quebrada. Como Nadal olhava apenas para si mesmo, nunca pensou em culpar um fator externo — nem mesmo a raquete quebrada.

Essa reflexão se aplica diretamente à nossa profissão. Quando um cliente pergunta "Por que eu deveria escolher sua instituição em vez de qualquer outro concorrente?", sua resposta deve demonstrar confiança. Precisa afirmar que você é o diferencial. Claro, essa afirmação deve ser feita de forma educada e polida, sem parecer arrogante, mas a essência é essa: você é a diferença.

Uma apresentação institucional bonita, muitos concorrentes têm. Um time de qualidade, a maioria também possui. Mas um profissional como você — qualificado, ético, com caráter, focado em melhorias diárias e comprometido com o cliente de maneira única e sem conflitos — é algo raro. E isso é um diferencial enorme, que só se conquista ao se olhar no espelho com humildade e entender, de coração aberto, o que poderia ter feito melhor.

## 7.2. Organização pessoal: Agenda e fluxo de relacionamento organizados com o cliente

### 7.2.1. Agende suas reuniões com muita antecedência. Planeje-se!

1. **Tenha uma agenda muito bem organizada**

   É fundamental que o cliente saiba quando e como pode encontrá-lo. Seja o dono do seu tempo e faça com que a informação chegue ao cliente de forma proativa e organizada.

   Vou usar aqui três exemplos de métodos de comunicação com seus clientes e prospectos: **reuniões presenciais**, **ligações** e **WhatsApp**.

2. **Reuniões**

   Recomendo evitar reuniões com periodicidade mensal. Em vez disso, sugiro realizar três reuniões por ano (uma a cada quatro meses), sempre com datas pré-agendadas no início do ano. Dessa forma, o cliente saberá o que esperar e terá um direcionamento claro. Considero as reuniões mensais uma exceção, reservadas para casos especiais, como um cliente que sofreu perdas em outra instituição e deseja um acompanhamento mais próximo. O motivo da minha sugestão para evitar reuniões mensais é simples: quanto mais frequente for a apresentação de resultados, mais o cliente tenderá a focar o curto prazo, aumentando o risco de tomar decisões equivocadas.

Nas três reuniões anuais, combine previamente os temas a serem discutidos. Por exemplo, na primeira reunião do ano, em janeiro, revisaremos o planejamento patrimonial: verificaremos se ainda existe a intenção de aposentadoria em dez anos, se há planos de morar no exterior, se o cliente permanece casado e se há algum novo plano de sucessão em vida, entre outros pontos. Também discutiremos o cenário econômico atual, incluindo níveis de taxa de juros, câmbio e panorama econômico.

Na segunda reunião do ano, em maio, faremos o rebalanceamento do Asset Allocation previamente combinado. Avaliaremos se os porcentuais definidos para cada classe de ativos subiram ou diminuíram e ajustaremos a carteira conforme necessário. Seguiremos essa lógica para a terceira reunião em setembro, abordando temas previamente acordados.

3. **Ligações**

A cada dois meses, farei uma ligação de atualização para mantermos o relacionamento próximo. É comum que, durante essas conversas, surjam assuntos aleatórios, o que fortalece ainda mais o vínculo. Isso é algo que não acontece em ligações focadas apenas na venda de um produto específico.

Recomendo sempre iniciar essas ligações abordando questões pessoais, estabelecendo uma conexão genuína, antes de seguir para o aspecto profissional, que é o objetivo principal da ligação.

4. **Grupos de transmissão no WhatsApp**

   Crie grupos de transmissão no WhatsApp, não apenas para seus clientes, mas também para prospectos. Há um estudo que indica que um prospecto visitado mais de duas vezes ao ano tem 50% de chance de se tornar seu cliente no ano seguinte. Gosto de tratar os prospectos mais importantes como se fossem meus principais clientes, garantindo que me tornarei sempre a opção número 2. Ou seja, no dia em que ele decidir migrar de onde está, não buscará outras opções no mercado — eu já serei a escolha natural.

   Para os clientes, recomendo segmentar os grupos, por exemplo, em "Conservador", "Moderado" e "Agressivo". Se a bolsa cair 10% e você decidir enviar uma mensagem, não pode dispará-la indiscriminadamente para todos os clientes. O cliente conservador, por exemplo, perceberia que foi apenas uma mensagem genérica, e isso perde valor. A mensagem deve ser sempre personalizada, feita sob medida para cada cliente.

   Aqui vai um exemplo prático de como usar o WhatsApp a seu favor: imagine que, em um domingo, sejam divulgadas pesquisas eleitorais nos Estados Unidos que surpreendem negativamente os especialistas. Você acredita que há uma chance razoável de que os ativos de risco reajam com estresse na segunda-feira. Nesse caso, envie uma mensagem personalizada, algo como:

"Bom dia, [Nome do Cliente]. Tudo bem? Desculpe incomodá-lo em pleno domingo, mas, considerando as recentes pesquisas eleitorais nos EUA, acreditamos que existe a possibilidade de que os ativos de risco comecem a semana com algum estresse. Ainda não sei se vale a pena vender alguma posição ou adotar proteções, mas quero que saiba que estou atento. Amanhã, entrarei em contato se for necessário. Se não ligar, é porque não há necessidade de ação. Um excelente final de domingo. Abraços."

Esse tipo de atitude surpreende positivamente o cliente e o prospecto, pois demonstra cuidado, atenção e diferenciação da concorrência. Mesmo que o cliente esteja em um momento de lazer, jogando tênis ou viajando com amigos, é provável que ele comente sua atitude, divulgando, assim, seu trabalho.

Se o destinatário for um prospecto, após a segunda ou terceira mensagem ao longo do ano — sem exagerar para não se tornar exaustivo —, ele começará a notar a qualidade de seu serviço e, eventualmente, buscará sua orientação ou até mesmo migrará seu patrimônio para você. Quando a outra instituição falhar, será em você que ele pensará, sem a necessidade de fazer uma pesquisa de mercado. Portanto, seu objetivo deve ser sempre ser a primeira opção de investimento para seus prospectos.

## 7.3. Organização com as informações de seus clientes: Monte uma estratégia de atendimento, segmentação e anote tudo

### 7.3.1. Organização de Informações: Excel ou CRM

Utilize uma ferramenta que permita uma organização clara e de fácil visualização, seja Excel ou um CRM. Vou usar um exemplo aleatório para ilustrar. No canto esquerdo da tela, tenha uma meta clara. Digamos que sua meta seja atingir R$1 bilhão sob gestão. Gosto de colocar 20% dessa meta abaixo de um campo chamado "Propósito", porque, eventualmente, você precisará aplicar o princípio de Pareto — mas falarei sobre isso mais adiante.

Na mesma tela, mantenha informações relevantes sobre seus clientes. Por exemplo, se você suspeita que um cliente possui recursos adicionais fora de sua gestão, anote. Assim, durante uma ligação, você pode lembrar: "Ah, esse cliente pode ter mais recursos fora daqui." Pergunte, entenda e veja como pode ajudar.

Outra informação útil é o estado onde o cliente reside. Se houver um aumento no ITCMD (Imposto sobre Transmissão Causa Mortis e Doação) em um estado específico, filtre seus clientes que moram lá e proponha uma reunião de planejamento patrimonial. Pergunte se há interesse em realizar uma sucessão do patriarca ou transferir bens para os filhos ainda em vida.

Indique claramente o perfil de risco de cada cliente, como já mencionado. Se você quiser enviar uma informação específica sobre a bolsa, filtre seus clientes que têm investimentos nesse mercado e envie a mensagem apropriada.

Outro ponto relevante é ter sempre à mão o quanto cada cliente o remunera. Mantenha essa informação clara e fácil de visualizar. Isso lhe permite saber rapidamente se o cliente está pagando demais ou de menos — não deve ser nem um extremo nem outro, mas sim o valor justo. Lembre-se de que a transparência em relação às taxas que o cliente paga é fundamental.

## 7.4. Rotinas para explorar o melhor de si próprio

### 7.4.1. Rotina pessoal tem que ser diária e não semanal ou mensal

Já tentei implementar rotinas semanais, mas isso não funcionou para mim. Uma semana eu ligava para clientes, na outra semana para prospectos e na terceira semana fazia reuniões. Porém, isso não deu certo, porque uma rotina precisa ser tão automática quanto amarrar os sapatos ou andar de bicicleta — não deve exigir esforço mental.

Por isso, sugiro que suas rotinas sejam diárias. Aqui vai um exemplo aleatório de rotina para ilustrar.

| | Segunda | Terça | Quarta | Quinta | Sexta |
|---|---|---|---|---|---|
| 9hrs - 10:30hrs | Organização | Organização | Organização | Organização | Organização |
| 10:30hrs - 11hrs | Cliente 20% | Cliente 80% | Cliente 80% | Cliente 20% | Cliente 20% |
| 11hrs - 12hrs | Cliente 20% | Cliente 80% | Cliente 80% | Cliente 20% | Cliente 20% |
| 12hrs - 13hrs | | | | | |
| 13hrs - 14hrs | | | | | |
| 14hrs - 15hrs | Cliente 20% | Cliente 80% | Cliente 80% | Cliente 80% | Cliente 20% |
| 15hrs - 16hrs | Prospectivo | Prospectivo Prioridade | Prospectivo Prioridade | Prospectivo Prioridade | Prospectivo |
| 16hrs - 17hrs | Prospectivo | Prospectivo Prioridade | Prospectivo Prioridade | Prospectivo Prioridade | Prospectivo |
| 17hrs - 18hrs | Prospectivo | Prospectivo Prioridade | Prospectivo Prioridade | Prospectivo Prioridade | Prospectivo |
| 18hrs - 19hrs | Organização | Organização | Organização | Organização | Organização |

Com a agenda organizada e as reuniões com os clientes marcadas, a tendência é que o assessor faça muito mais ligações do que recebe, um ponto positivo, pois um telefone tocando diversas vezes por dia é algo que causa distrações e quebra a sequência de trabalho.

Das 9h às 10h, dedique-se à organização de seu dia. Até o meio-dia, ligue para os clientes que representam 20% da receita e, em seguida, mantenha o horário de almoço livre para ir à academia, encontrar amigos ou outras atividades pessoais. Reserve momentos específicos para ler e-mails, responder mensagens do WhatsApp ou retornar ligações. Fazer isso de forma organizada aumentará muito sua eficiência e evitará distrações.

Você provavelmente já passou por aquela situação em que está trabalhando em um PowerPoint, com o raciocínio claro, quando chega um e-mail. Então, você o responde e, quando volta ao PowerPoint, a linha de raciocínio se perdeu. Aí, vai pegar uma água, um café, até o raciocínio voltar ao normal e, nesse processo, lá se foram 20 minutos. Isso é uma perda de eficiência. Por isso, tenha horários definidos para responder e-mails, mensagens de WhatsApp ou retornar ligações.

Essas metas de rotina não devem se limitar apenas ao ambiente profissional, mas também às questões pessoais. Voltando ao que mencionei no início do livro: tenha metas muito claras, com processos bem definidos e disciplina na implementação das rotinas. "**Metas, processos organizados e disciplina na implementação**" são fundamentais.

## 7.5. Comentários finais

Outro ponto importante é que **não existe uma divisão rígida entre vida pessoal e profissional — temos apenas uma vida, e é crucial encontrar um equilíbrio saudável entre ambas**. É claro que haverá ocasiões em que você precisará se dedicar mais a um lado do que ao outro, mas isso deve ser a exceção, não a regra. Se você se dedica demais ao trabalho, sua vida familiar pode, eventualmente, sofrer. Da mesma forma, se dedicar excessivamente à forma física, treinando três horas por dia e sendo a mãe/pai ou cônjuge exemplar, talvez o trabalho seja prejudicado. O equilíbrio é essencial.

Vou compartilhar um exemplo pessoal. Quando minha filha mais velha, Betina, tinha 3 anos, e minha esposa estava grávida de nosso segundo filho, Enrico, eu estava sedentário e acima do peso. Tinha acabado de assumir um novo desafio profissional que exigia muito de mim. Era maio, e para resolver meu sedentarismo, tive a brilhante ideia de me inscrever no IronMan 70.3, que aconteceria em setembro. Eu tinha de maio a setembro para voltar a treinar, após anos parado. Queria ser um pai presente e participativo, um excelente marido e também me destacar profissionalmente.

Aqui, estabeleci metas claras para cada aspecto da minha vida: completar a prova sem me machucar, com um tempo abaixo de seis horas; passar um número específico de horas diárias com meus filhos e esposa; e alcançar um objetivo profissional que defini para mim. Com as metas definidas, criei processos e rotinas:

Acordava todos os dias às 5h30 da manhã e treinava das 6h às 7h30. Às 8h, tomava café da manhã com minha filha e a levava para a creche de bicicleta — só nós dois, conversando e brincando. Uma de nossas brincadeiras era dar bom dia para os cachorrinhos que encontrávamos pelo caminho. Chegava ao trabalho às 9h e ficava até as 19h, com foco total e organização. Às 19h em ponto, eu me levantava e ia embora, independentemente do que estivesse acontecendo. Já saí de reuniões com meu chefe, sócios, prospectos e clientes importantes, sempre deixando claro desde o início que, às 19h, tinha um compromisso muito importante: chegar em casa a tempo de dar banho na minha filha de 3 anos. Com o tempo, fui respeitado por isso, pois cuidar da família com esse nível de compromisso mostrava que eu teria o mesmo respeito de meus sócios, clientes e funcionários.

Chegava em casa, dava banho na minha filha às 19h30, a colocava para dormir, jantava com minha esposa, conversávamos e passávamos um tempo juntos. Depois, ia dormir cedo. Essa foi minha rotina por um período.

Para o treinamento do IronMan, eu tinha uma programação detalhada, indicando a modalidade, a distância e a velocidade de cada treino. Esse nível de detalhe foi essencial para atingir meus objetivos sem desvios ou desculpas.

Quero encerrar esta parte com uma frase do filósofo romano do século II, Sêneca: *"Se você não sabe para onde quer ir, nenhum vento será favorável."*

CAPÍTULO

8

# PARETO: A REGRA DO 80%-20%

> ***"Disciplina é escolher entre o que você quer agora e o que você mais quer na vida."***
> ***— Abraham Lincoln***

## 8.1. Acompanhe e segmente seus clientes por representatividade

O princípio de Pareto afirma que 20% dos clientes representam 80% da receita, enquanto 80% dos clientes representam apenas 20% dela. A ideia aqui é que, para atender seus clientes com excelência, você precisa dedicar tempo e atenção suficientes para realmente conhecê-los e oferecer um bom planejamento patrimonial. Para isso, é essencial ter um número máximo de clientes em sua base. Portanto, a estratégia de Pareto sugere que você, periodicamente, ajuste sua carteira, mantendo apenas um número gerenciável de clientes/grupos econômicos para garantir a qualidade de seu trabalho.

Tenha muita disciplina na implementação desse princípio, limpando sua base de clientes de tempos em tempos, cuidando para não se enganar com ganhos de curto prazo e afetar seu crescimento e lucros de médio e longo prazo.

A maneira de reduzir o número de clientes é aplicar o Pareto, ou seja, transferindo os clientes que representam 20% da receita para outro colega ou sócio, que manterá a qualidade de atendimento. Essa é, sem dúvida, uma das tarefas mais desafiadoras para um assessor de investimentos, pois pode significar abrir mão de seu primeiro cliente — aquele que confiou em você no início, quando ainda estava começando. No entanto, é uma prática necessária.

Existem três formas de fazer essa transição:

1. Transferir os clientes para outro assessor de investimentos que você confie, que siga os padrões de qualidade de atendimento e que ainda tenha espaço em sua base de clientes.
2. Ter um assistente que passará a atender esses clientes, dividindo a receita com ele e gradualmente se desvinculando do atendimento direto.

3. Manter todos os clientes em sua carteira, mas acordar, com aqueles que representam apenas 20% da receita, que não haverá reuniões regulares, que as ligações serão esporádicas e o contato será principalmente via WhatsApp.

Minha recomendação é evitar as opções 2 e 3. É fundamental limpar sua carteira de forma consciente. Quando você atingir um estágio mais avançado na carreira, atendendo clientes mais sofisticados, sugiro que mantenha um máximo de 75 grupos econômicos em sua carteira. Isso lhe permitirá executar seu trabalho com excelência e encantar cada cliente.

Como comunicar essa transição ao cliente?

Seja honesto e direto. Quando você precisar transferir a conta de um cliente que confiou em você desde o início, diga a verdade. Explique que, para manter a qualidade do atendimento, você precisa transferi-lo para alguém de confiança, que poderá dedicar a atenção necessária. A verdade, dita de forma ética e transparente, é sempre bem recebida:

"Fulano, preciso passar sua conta para outro colega que ainda não tem 75 clientes e que vai garantir um atendimento de excelência. É uma pessoa de confiança, que trabalha a meu lado. Estarei sempre disponível para o que você precisar, basta me ligar."

## 8.2. Um exemplo nas quadras de tênis

Vou compartilhar um exemplo pessoal que, apesar de não ser relacionado ao mercado financeiro, oferece um paralelo interessante. Eu gosto de jogar tênis e frequentava dois clubes. O primeiro professor era uma pessoa superagradável, educada e amiga. Ele saía suado de suas aulas, com a sensação de ter feito um bom exercício, mas tinha pouca técnica a ensinar. Ele era, basicamente, um arremessador de bolinhas. Já o segundo professor, no outro clube, que exigia que eu enfrentasse mais trânsito para chegar lá, cobrava o dobro do preço. No entanto, a qualidade das aulas era incomparável. Ele colocava um rebatedor semiprofissional do outro lado da quadra, enquanto corrigia cada detalhe de meus movimentos. As aulas não eram tão intensas fisicamente, mas minha evolução técnica era significativa.

Após um ano e meio de aulas, esse segundo professor sugeriu que eu participasse de uma clínica de tênis no sábado. Respondi que não tinha interesse, pois meus fins de semana são reservados exclusivamente para a família e amigos. Ele então comentou que a maioria de seus clientes eram meus amigos e familiares, porque eu o recomendava frequentemente. Foi um momento de reflexão sobre o que me motivava a indicá-lo: sua qualidade e valores. Apesar de ser mais caro e exigir mais esforço para chegar lá, a experiência dele era claramente superior. Ficou evidente para mim que competir apenas pelo preço não era o caminho certo.

Outro exemplo prático:

Digamos que você queira realizar um evento em seu escritório e tenha a oportunidade de convidar vinte clientes. Em vez de convidar todos, selecione dez e peça a cada um deles que traga um amigo. Caso seu cliente esteja satisfeito com o serviço e o planejamento patrimonial que você oferece, ele trará alguém que confie em sua indicação. Esse convidado terá uma chance razoável de se converter em um novo cliente.

Se seguirmos e respeitarmos esses pontos, o que de fato conquistaremos e atingiremos? Onde chegaremos?

- Em um business de pessoas certas e processos bem definidos, estruturado de forma a atuarem como equipe e jamais como indivíduo!
- Em um atendimento sempre voltado ao melhor para o cliente, com ética para um relacionamento duradouro e perpétuo.
- Em uma situação na qual o cliente entenda que não trabalhamos de graça e que eles valorizem/reconheçam nosso trabalho e preço.
- **Vocês não são custo e sim investimento**
    - Isso trará lealdade, e um negócio rentável e perene terá sido criado

CAPÍTULO

9

# HORA DE REFORÇAR E REVISITAR OS PONTOS IMPORTANTES

*"Foque na jornada e não no destino. A alegria está em fazer, não em alcançar."*
*– **Greg Anderson**, autor do livro*
As 22 Leis Indispensáveis para o Bem-Estar

Após explorar em detalhe o desenvolvimento da prospecção, do atendimento ao cliente e das estratégias comportamentais, gostaria de apresentar um resumo simples e direto. A seguir, onze *bullet points* que reforçam alguns dos principais conceitos discutidos até agora.

## 9.1. Faça o básico bem feito

> Quem vende produto é cobrado por rentabilidade; quem oferece um serviço é cobrado por confiança.

Ouso dizer que existem dezenas de milhares de profissionais atuando como assessores de investimentos ou gerentes de banco, mas poucos realmente fazem o básico com excelência. Muitos estão focados em oferecer rentabilidade e performance, o que é um erro quando o foco se constitui apenas nisso. O que o cliente mais espera de nós é serviço. Lembrem-se do que discutimos no início do livro: serviço é sinônimo de confiança.

Confiança significa fazer um diagnóstico correto e conhecer seu cliente profundamente, além de ser transparente em todos os aspectos. Confiança é ele ter certeza de que você não está simplesmente batendo metas ou montando a carteira para atender a seus próprios interesses. Um diagnóstico bem feito envolve investir tempo em conhecer a fundo aquela família, para então oferecer um planejamento patrimonial que realmente agregue valor.

Transparência, por sua vez, significa fazer com que as informações cheguem ao cliente de forma organizada e antecipada. Seja claro sobre o quanto está cobrando e os motivos dessas cobranças. Mais cedo ou mais tarde, o cliente obterá essas informações, então é melhor que ele saiba disso diretamente de você. Estratégias baseadas em vieses comportamentais, como o viés de ancoragem, podem ser úteis para apresentar essas informações sem que as taxas pareçam elevadas.

Outro ponto importante na transparência é definir a agenda de relacionamento com o cliente. Deixe claro quando e com que frequência ocorrerão as reuniões, ligações e mensagens. Um exemplo simples é o sucesso do Uber, que implementou o recurso de mostrar o tempo de espera para o carro chegar. Isso trouxe mais tranquilidade ao usuário. Da mesma forma, quando o cliente sabe exatamente quando será o próximo contato e quais informações você trará, a ansiedade da espera diminui e ele passa a confiar mais no processo.

Concluo este ponto com uma frase que sintetiza bem a ideia: "Quem vende um produto é cobrado por rentabilidade; quem oferece um serviço é cobrado por confiança." O segredo não é vender um serviço, mas oferecer um serviço. É assim que se ganha a confiança do cliente e se constrói uma relação duradoura, sem depender apenas de resultados de curto prazo.

## 9.2. Entregar sempre o melhor serviço

9.2.1. **Serviço/Planejamento patrimonial/Conheça bem seu cliente/Número máximo de grupos econômicos**: *Executar o Pareto; não se deixar enganar com os clientes que não dão trabalho*

Sendo um pouco repetitivo, mas reforçando o ponto: o foco deve ser sempre em entregar um serviço, o que só é possível com um bom planejamento patrimonial. E só se faz um planejamento eficaz se você realmente conhece o cliente e faz um diagnóstico bem detalhado. Aqui surge o grande desafio de nossa profissão: executar o princípio de Pareto. Lembrando que, geralmente, 20% de seus clientes representam 80% de sua receita.

Com o tempo, é necessário se concentrar nos clientes que representam a maior parte da receita, repassando os demais para outros profissionais igualmente qualificados. Não é uma questão de descartar clientes, mas de focar seu tempo e energia onde você pode entregar mais valor. Clientes satisfeitos geram mais negócios, indicam amigos e trazem novas oportunidades.

## 9.3. A verdadeira diferença no relacionamento com o cliente

A estrutura que realmente faz a diferença no relacionamento com o cliente não é apenas a qualidade da gestão, do time de planejamento patrimonial, do sistema ou dos relatórios. Todos esses fatores são importantes, mas são o básico. O grande diferencial é o assessor.

Compare isso a uma visita ao médico. Você prefere aquele médico que gasta quinze minutos explicando detalhadamente como funciona o remédio ou aquele que realmente se preocupa em conhecer, escutar e lhe passar confiança? O mesmo vale para o advogado: você escolhe o advogado que sabe todos os detalhes da lei ou aquele que realmente o entende e está disponível para atendê-lo quando você mais precisa? O fator humano é o que realmente cria um relacionamento duradouro e de confiança.

## 9.4. A lição da Disney

Aqui, gostaria de lembrar da história da Disney. Quando a empresa contrata um novo funcionário, ele é levado a assistir um vídeo que conta a história de uma família que acumulou patrimônio para realizar o sonho de levar os filhos à Disney. O vídeo mostra o esforço dos pais, que trabalharam duro, abriram mão de momentos e viagens para finalmente levar os filhos ao parque.

A mensagem do vídeo é clara: o funcionário precisa deixar seus problemas pessoais fora do parque, pois, para aquela família, a visita é um momento mágico. Agora, pense em sua relação com seus clientes. Eles também trabalharam duro, fizeram sacrifícios e confiaram a você o patrimônio que acumularam ao longo de uma vida. Cada reunião com o cliente é um momento especial, e você deve tratá-lo com respeito e gratidão. Deixe seus problemas de lado e esteja 100% presente.

## 9.5. Use o viés comportamental a seu favor

Os seres humanos são guiados por seus sentidos — visão, audição, paladar, tato e olfato. Use isso a seu favor nas reuniões com seus clientes. Tenha um ambiente agradável, que seja quase uma extensão da casa do cliente. Ofereça um café de qualidade, um doce que remeta a boas memórias e crie uma atmosfera acolhedora. Tenha imagens e música leve no ambiente. Isso ajuda a limpar a mente do cliente de problemas externos, como trânsito, política ou violência, e o coloca em um estado mais positivo e receptivo.

Quando o cliente está tranquilo, ele se abre mais para discutir seus sonhos e objetivos, e você tem a chance de fazer um diagnóstico mais completo e oferecer um planejamento patrimonial personalizado e eficaz.

## 9.6. Tenha um propósito claro

> "Nenhum vento é favorável para quem não sabe aonde quer chegar."
>
> *Sêneca*

> "Nem todos os dias você acordará motivado; por isso, seja disciplinado."

Você quer ser o melhor em planejamento patrimonial ou o maior especialista em renda variável? Qual é seu propósito? Tenha metas claras e siga um processo disciplinado para alcançá-las. Um exemplo pessoal: quando decidi fazer um meio Ironman, minha meta era clara — não me machucar e completar a prova em menos de seis horas. Para isso, eu segui uma rotina de treinos rigorosa, com disciplina. O mesmo princípio se aplica ao trabalho. Disciplina e metas bem definidas são essenciais para o sucesso.

## 9.7. Avalie a qualidade do atendimento

Uma rotina que costumo usar com executivos é a seguinte: pergunte-se internamente: "Se eu ligasse hoje para todos os meus clientes, que nota eles me dariam de 0 a 10 por meu atendimento?" Se a resposta para um cliente específico for 9, questione o que está faltando para alcançar a nota máxima.

Esse exercício é importante porque o ajuda a identificar os pontos em que você pode melhorar no relacionamento com seus clientes. Se perceber que está visitando um cliente com menos frequência ou que não tem conhecimento suficiente sobre algo de interesse dele, como planejamento jurídico ou operações em um setor específico, isso é um sinal de que precisa ajustar seu foco.

Assim como um paciente não vai ao cardiologista quando tem dor de cabeça, seus clientes precisam de um assessor que se encaixe em seu perfil e propósito. Tenha clareza sobre quem são os clientes certos para você e ajuste seu atendimento para garantir que está entregando o melhor serviço possível.

## 9.8. A estratégia para atrair novos clientes

Se você tem uma base de clientes sólida, com cerca de trinta clientes, não há mais necessidade de gastar energia com prospecção ativa. Para mim, focar em prospecção é uma estratégia ineficiente, pois você acaba investindo muito tempo e esforço para alcançar um número pequeno de novos clientes potenciais.

A melhor forma de crescer é oferecendo um serviço impecável a seus clientes atuais, pois clientes satisfeitos trazem novos negócios. Uma estratégia simples é convidar seus melhores clientes para eventos exclusivos e incentivá-los a trazer um amigo ou colega que possa ser um potencial cliente. Se o cliente confia em você e admira seu trabalho, ele estará mais inclinado a fazer essas indicações.

## 9.9. Evite perder recursos sem perceber

Poucos assessores consideram, mas, em média, 1,5% do valor de uma carteira é resgatado mensalmente, incluindo por razões pessoais como reformas, viagens ou compras. Isso significa que, se você administra uma carteira de R$200 milhões, já pode prever que, ao longo do mês, cerca de R$3 milhões serão resgatados.

É comum que assessores fiquem tão focados em captar novos recursos que se esquecem de atender adequadamente sua base atual. Será que esses clientes, que resgatam parte de seus recursos, também estão investindo com você o dinheiro que sobra? O desafio é garantir que sua base de clientes não só continue investindo com você, mas também traga novos recursos ao longo do tempo.

## 9.10. Trate prospectivos como clientes importantes

Crie uma lista de clientes prospectivos e trate-os como se já fossem seus melhores clientes. Há uma estatística interessante: se você visitar um cliente prospectivo duas vezes ao longo de doze meses, 50% deles tendem a se tornar seus clientes no segundo ano.

Utilize estratégias simples de comunicação, como o envio de mensagens por WhatsApp em momentos estratégicos. Por exemplo, em um período eleitoral, caso uma pesquisa de domingo indique um cenário que possa estressar os mercados, envie uma mensagem antecipando essa possível reação: "Diante da última pesquisa, acredito que os ativos de risco possam abrir em queda amanhã. Se tiver alguma dúvida ou quiser discutir ajustes, estou à disposição."

Esse tipo de mensagem mostra ao prospectivo que você está atento e é proativo, o que aumenta sua credibilidade e a chance de converter essa pessoa em cliente no futuro.

## 9.11. Trabalhe em equipe

Nenhum profissional atinge seu máximo potencial sozinho. Como disse Michael Jordan: "O indivíduo ganha jogos, mas o time ganha campeonatos." Valorize o trabalho de sua equipe — seja seu assistente, *back office* ou o time administrativo e de gestão. Todos esses profissionais desempenham um papel essencial em seu crescimento e sucesso.

Concluo este capítulo reforçando: O foco não deve estar apenas em rentabilidade, mas em oferecer um serviço de excelência, baseado em confiança, planejamento patrimonial e um profundo entendimento dos objetivos de cada cliente.

CAPÍTULO

10

# VIÉS COMPORTAMENTAL: ENTENDA COMO O CÉREBRO FUNCIONA E USE-O A SEU FAVOR

> ***"O maior inimigo de um investidor é provavelmente ele mesmo."***
> ***— Benjamin Graham***

**Graham** destaca que emoções como medo, ganância e excesso de confiança muitas vezes levam os investidores a decisões irracionais, prejudicando seus resultados financeiros. É uma lição poderosa para reconhecer e mitigar os próprios vieses no contexto de investimentos.

Vieses comportamentais são tendências ou princípios que influenciam nossos julgamentos e tomadas de decisão. Eles podem afetar significativamente as decisões de investimento, muitas vezes levando a escolhas baseadas em emoções ou percepções equivocadas, em vez de fatos e racionalidade. Adiante, relaciono alguns dos principais vieses comportamentais que podem impactar as decisões de investimento e aos quais solicito atenção como investidor ou, principalmente, como assessor dedicado a fazer com que seus clientes fujam das armadilhas impostas por nosso cérebro e comportamento.

Porém, antes de entrar em mais detalhes com os exemplos de vieses que selecionei para este livro e entender como nossas decisões são influenciadas, é fundamental conhecer os conceitos de Daniel Kahneman, um dos grandes nomes da psicologia e economia comportamental. Em seu trabalho, Kahneman explica que nosso cérebro opera em dois sistemas de pensamento: o Sistema 1 e o Sistema 2.

O Sistema 1 é rápido, automático e intuitivo. Ele é acionado sem esforço e responde instantaneamente às situações. Por exemplo, quando você vê alguém sorrindo, automaticamente deduz que a pessoa está feliz, sem precisar pensar muito sobre isso. Este sistema nos ajuda a tomar decisões rápidas e cotidianas, mas é também onde surgem muitos de nossos vieses comportamentais, pois ele depende de atalhos mentais que podem nos levar a conclusões incorretas.

O Sistema 2, por outro lado, é mais lento, deliberado e racional. É ele que entra em ação quando precisamos pensar de forma mais analítica, como quando resolvemos um problema matemático ou tomamos uma decisão importante sobre investimentos. O Sistema 2 exige mais esforço e concentração, e é por isso que, muitas vezes, preferimos usar o Sistema 1, já que o segundo sistema pode ser cansativo.

Entender como esses dois sistemas funcionam é essencial para reconhecer os vieses que podem influenciar nossas decisões. Muitas vezes, confiamos demais no Sistema 1, o que pode nos levar a erros de julgamento. Saber quando acionar o Sistema 2 nos ajuda a tomar decisões mais conscientes e racionais.

A seguir, alguns exemplos de vieses comportamentais.

## 10.1. Ancoragem

Um dos vieses comportamentais mais comuns é o **viés de ancoragem**. Ele ocorre quando uma pessoa se baseia excessivamente em uma primeira informação — a "âncora" — ao tomar uma decisão, mesmo que essa informação é irrelevante ou imprecisa. Uma vez que a âncora é estabelecida, ela tende a influenciar todas as avaliações subsequentes, limitando nossa capacidade de fazer julgamentos racionais. Um exemplo clássico desse viés pode ser ilustrado com a seguinte pergunta: **Quantos anos Mahatma Gandhi tinha quando faleceu?**

Agora, considere o seguinte experimento: quando os participantes são perguntados se Gandhi tinha mais ou menos de 140 anos ao morrer, essa pergunta absurda serve como uma "âncora". Mesmo sabendo que 140 anos é impossível, o simples fato de esse número ter sido mencionado afeta a resposta. As pessoas tendem a ajustar suas estimativas para mais, oferecendo idades mais altas do que fariam sem a âncora, como 90 ou 100 anos.

Por outro lado, quando a âncora é ajustada para um número menor, como 40 anos, as respostas se aproximam dessa nova âncora, com estimativas muito mais baixas, ainda que igualmente erradas.

O viés de ancoragem aparece de formas sutis e poderosas nas decisões diárias, incluindo em algo tão simples quanto escolher um vinho em um restaurante. Imagine uma carta de vinhos com duas opções: um vinho custa R$60 e outro custa R$20. Naturalmente, a maioria das pessoas optaria pelo vinho de R$20, que parece ser uma escolha mais econômica. Nesse cenário, o vinho mais barato poderia representar até 90% das vendas.

Agora, imagine que o restaurante adiciona uma terceira opção, um vinho mais caro, custando R$100. De repente, o vinho de R$60, que antes parecia caro, começa a parecer uma escolha razoável, uma "compra inteligente" entre as três opções. Como resultado, esse vinho intermediário passa a representar 90% das vendas. O preço de R$100, muito acima dos outros, serve como uma âncora, fazendo o vinho de R$60 parecer uma escolha equilibrada em comparação.

Tal fenômeno, conhecido como efeito de ancoragem, demonstra como as pessoas não necessariamente escolhem com base no valor absoluto, mas sim em relação às opções que lhes são apresentadas. A ancoragem do vinho de R$100 influencia a percepção de valor das outras opções, distorcendo a decisão de compra.

Um exemplo típico que acontece com muitos é esperar que o preço do dólar caia até um valor "ancorado" por seu psicológico para efetuar a compra da moeda, mas que muitas vezes não tem nenhum fundamento econômico.

## 10.2. Heurística da disponibilidade

A heurística da disponibilidade é um atalho mental que utilizamos para tomar decisões ou fazer julgamentos com base nas informações mais facilmente acessíveis em nossa memória. Em vez de analisar todas as informações relevantes de forma racional, tendemos a confiar naquilo que vem à mente de maneira mais rápida e vívida, o que pode distorcer nossa percepção de probabilidade ou risco.

Daniel Kahneman e Amos Tversky, os pioneiros no estudo dos vieses cognitivos, explicaram que esse atalho mental é útil em muitos casos, mas frequentemente nos leva a erros. Isso ocorre porque eventos mais recentes, dramáticos ou que foram amplamente noticiados têm mais chances de influenciar nossas decisões, independentemente de sua real importância ou frequência.

### 10.2.1. Exemplos do cotidiano

- Medo de viajar de avião. Um exemplo clássico da heurística da disponibilidade acontece com o medo de acidentes de avião. Embora estatisticamente o transporte aéreo seja um dos mais seguros, quando ocorre um acidente ele é amplamente noticiado e choca o público.

Por conta disso, muitas pessoas passam a superestimar o risco de voar, mesmo que acidentes de carro sejam muito mais comuns e perigosos, mas menos noticiados.

- Crises financeiras. Investidores tendem a ser fortemente influenciados por eventos de crise que estão frescos em sua memória. Após crises como a de 2008, muitos investidores passaram a superestimar a probabilidade de novas quedas drásticas nos mercados, mesmo em momentos de recuperação econômica. Isso pode fazer com que eles adotem posturas excessivamente conservadoras, perdendo boas oportunidades de crescimento.
- Ações de empresas com grande cobertura midiática. Outra aplicação da heurística da disponibilidade no mercado financeiro é a inclinação dos investidores a focar ações de empresas que estão constantemente na mídia. Se uma empresa for muito mencionada na imprensa por seus bons resultados, muitos investidores podem acreditar que ela continuará a ter um bom desempenho, sem considerar outros fatores importantes. O contrário também é verdadeiro: empresas que passam por momentos de dificuldade podem ser vistas como um investimento arriscado apenas porque notícias negativas estão mais disponíveis na memória, mesmo que haja sinais de recuperação.

## 10.3. Excesso de confiança / Busca por atalhos

O excesso de confiança é um dos vieses mais comuns que afetam a tomada de decisão. Ele ocorre quando acreditamos, erroneamente, que somos mais capazes, conhecemos mais ou temos maior controle sobre uma situação do que realmente temos. Esse viés pode nos levar a assumir riscos desnecessários, já que estamos superestimando nossas próprias habilidades ou conhecimento.

Por sua vez, a busca por atalhos é uma tendência humana de procurar soluções rápidas e fáceis para problemas complexos. Nossa mente prefere simplificar decisões e evitar o esforço de um raciocínio profundo, levando-nos a escolher opções que prometem resultados rápidos e atraentes, mesmo que elas não sejam as mais eficazes.

Esses dois vieses estão frequentemente interligados, porque o excesso de confiança nos leva a acreditar que conseguimos resultados grandiosos sem a necessidade de um processo longo e disciplinado. Isso nos faz buscar atalhos, que muitas vezes prometem soluções simples para desafios complexos.

### 10.3.1. Exemplos do cotidiano

- Perda de peso rápida. Muitas pessoas acreditam que podem emagrecer rapidamente com o mínimo de esforço, o que as leva a comprar livros ou programas como “Perca 10 kg em 1 mês”. A promessa de um resultado rápido as seduz, e o excesso de confiança as faz pensar que seguirão o plano à risca, ignorando que o processo de emagrecimento saudável requer tempo e dedicação.

- Aprender inglês em uma semana. Outro exemplo comum é a compra de cursos que prometem ensinar um novo idioma, como inglês, em apenas uma semana. A ideia de obter uma habilidade complexa em tão pouco tempo apela para a busca por atalhos, enquanto o excesso de confiança faz a pessoa acreditar que aprenderá mais rapidamente do que a maioria, ignorando que a fluência em um idioma geralmente leva muito mais tempo e prática.

### 10.3.2. Exemplos no mercado financeiro

- Tentativa de prever o mercado: No mercado financeiro, o excesso de confiança é comum entre investidores que acreditam que conseguem prever com precisão o comportamento dos mercados ou de uma ação específica. Isso leva muitos a fazerem *trades* frequentes e arriscados, confiantes de que suas habilidades ou "intuição" bastam para superar o mercado. No entanto, pesquisas mostram que, na maioria das vezes, essas operações resultam em perdas, justamente porque o investidor ignora os riscos reais e as incertezas do mercado.

- Busca por estratégias milagrosas: Assim como no emagrecimento ou no aprendizado de idiomas, investidores também buscam atalhos no mercado financeiro. Um exemplo clássico são as promessas de retornos rápidos e altos através de esquemas como "fique rico rápido" ou investimentos que garantem lucros sem risco. Esse tipo de abordagem apela para aqueles que acreditam que é possível obter grandes ganhos sem o trabalho árduo de entender o mercado, analisar as oportunidades e gerenciar riscos de forma adequada.

- Excesso de confiança em fundos ou gestores específicos: Trata-se da confiança cega que muitos investidores têm em um gestor de fundos ou uma estratégia específica que deu certo no passado. O investidor supõe que como o gestor teve sucesso antes, ele sempre terá sucesso no futuro, ignorando a complexidade e a imprevisibilidade dos mercados. Isso pode levar à concentração excessiva de investimentos em uma única estratégia ou fundo, aumentando o risco.

> "O segredo não está na compra e nem na venda, está na espera."
>
> *Charlie Munger, sócio de Warren Buffet*

## 10.4. Aversão à perda

Aversão à perda é um viés cognitivo no qual as pessoas tendem a dar mais peso às perdas do que aos ganhos de magnitude equivalente. Em outras palavras, sentimos mais a dor de perder algo do que o prazer de ganhar algo do mesmo valor. Esse fenômeno explica por que frequentemente tomamos decisões que buscam evitar perdas em vez de maximizar ganhos, mesmo quando isso pode não ser a estratégia mais racional.

Kahneman e Tversky descobriram que, na maioria dos casos, a dor psicológica de uma perda é aproximadamente duas vezes mais intensa do que o prazer de um ganho equivalente. Isso faz com que, ao tomar decisões, as pessoas se comportem de maneira mais conservadora ou até irracional, evitando riscos que, em um cenário lógico, poderiam ser aceitáveis ou até vantajosos.

### 10.4.1. Exemplo do cotidiano

- **Relações Pessoais**. Em relações pessoais ou sociais, a aversão à perda pode ser observada em situações nas quais alguém se apega a uma amizade ou relacionamento tóxico por medo de perder algo que, na realidade, já não traz mais benefícios, como o medo de pedir demissão de um emprego em que não se tem mais realização. O desconforto de abrir mão do que se tem — mesmo que não seja mais positivo — é forte, muitas vezes impedindo a pessoa de avançar para algo melhor.

### 10.4.2. Exemplos no mercado financeiro

- **Relutância em realizar perdas**: No mercado financeiro, a aversão à perda é evidente quando investidores se recusam a vender ativos que estão desvalorizando na esperança de que o preço volte a subir. Mesmo que os fundamentos do ativo indiquem que ele continuará a cair, o investidor se apega a ele para evitar concretizar a perda. Isso resulta em uma "paralisia" emocional, na qual a pessoa prefere manter uma posição prejudicial a realizar a perda.

- **Venda prematura de ativos vencedores**: A aversão à perda também pode levar os investidores a vender ativos lucrativos muito cedo. Após uma pequena valorização, muitos preferem garantir o lucro imediato para evitar o risco de uma possível perda futura, mesmo que o ativo tenha potencial de crescimento adicional. Eles preferem o "pássaro na mão" a correr o risco de obter mais ganhos, com medo de uma possível reversão.

Nos fundos de investimento, a aversão à perda se manifesta quando os investidores resgatam rapidamente ao ver um desempenho ruim. Eles culpam o gestor, o que diminui a responsabilidade pessoal. Por outro lado, quando um fundo está em alta, tendem a aumentar o aporte, acreditando que o bom desempenho continuará, o que pode levar a decisões impulsivas.

## 10.5. Home Bias

O *Home Bias* é um viés cognitivo que leva os investidores a preferirem investir em ativos de seu próprio país ou em empresas que eles conhecem, mesmo que essa não seja a melhor estratégia de diversificação. Esse comportamento ocorre porque as pessoas sentem mais conforto e confiança ao investir em algo familiar, subestimando os benefícios de diversificar internacionalmente.

Embora pareça lógico apostar no que se conhece, o *Home Bias* pode prejudicar a alocação de ativos, limitando as oportunidades de crescimento e expondo o portfólio a riscos específicos de um único mercado ou região.

### 10.5.1. Exemplos reais

- **Investidores norte-americanos preferindo ações dos EUA**: Muitos investidores nos Estados Unidos alocam a maior parte de seus portfólios em ações norte-americanas, mesmo quando há oportunidades de crescimento significativas em mercados emergentes. Isso os expõe a crises ou quedas no mercado local, como aconteceu em 2008, quando uma diversificação internacional poderia ter mitigado perdas.
- **Brasileiros focados na Bovespa**. No Brasil, é comum que investidores concentrem seus investimentos em ações de empresas listadas na Bovespa. Apesar de oportunidades internacionais estarem disponíveis, muitos preferem manter sua carteira "em casa", acreditando que conhecem melhor o mercado brasileiro. Isso limita as chances de explorarem o crescimento global e os expõe a crises locais, como a recessão de 2015–2016.

## 10.6. Regra do Pico Fim

A Regra do Pico Fim é um viés comportamental identificado por Daniel Kahneman. Ela sugere que as pessoas avaliam experiências baseadas no momento de maior intensidade emocional (o "pico") e no momento final, em vez de levarem em conta o todo. Ou seja, nossa memória de um evento é fortemente influenciada por como ele termina e por seus pontos mais intensos, ignorando a duração ou os outros aspectos da experiência.

### 10.6.1. Exemplos

- **Experiência na Disney**: Ao visitar a Disney, mesmo que o dia tenha envolvido filas longas ou momentos cansativos, o que você lembra é o sorriso de seu filho tirando uma foto com o Mickey ou a alegria de uma "transformação de princesa". A magia dessas experiências cria um "pico" emocional que define como você se lembra do dia, ofuscando os momentos menos emocionantes ou desgastantes.
- **Final da Copa de 1994**: Na final entre Brasil e Itália, o jogador Roberto Baggio perdeu o pênalti decisivo, o que marcou sua carreira para sempre. Embora outros jogadores, como Massaro, Barese e Márcio Santos, também tenham perdido pênaltis, o "pico" emocional foi o chute de Baggio, por ser o momento final e decisivo. A memória coletiva se fixa nesse evento, obscurecendo o restante do jogo e outros detalhes.

### 10.6.2. No mercado financeiro

Gráfico de uma queda brusca versus queda lenta: Quando há uma queda brusca no mercado, o impacto emocional é intenso e imediato, provocando uma reação forte dos investidores. Em contrapartida, uma queda lenta e gradual pode não ser lembrada com a mesma intensidade, mesmo que o efeito final seja semelhante. O "pico" de uma queda acentuada deixa uma marca mais profunda na memória do investidor do que um declínio mais suave e contínuo.

## 10.7. Estímulos inconscientes

Estímulos inconscientes são influências sutis que afetam nossas decisões e comportamentos sem que percebamos. Esses estímulos podem moldar nossa percepção de valor, conforto e até nossos níveis de satisfação, e são amplamente utilizados em diversos contextos para influenciar o comportamento humano.

### 10.7.1. Exemplos

- **Música em lojas de vinho**: Quando entramos em uma loja de vinhos, a música ambiente pode influenciar nossas escolhas de forma inconsciente. Estudos mostram que, ao ouvir música clássica, os clientes tendem a escolher vinhos mais caros, associando a sofisticação da música com a qualidade do vinho. Isso ocorre sem que o cliente perceba o impacto direto da música em sua decisão.
- **Passagem pela Business Class no avião**: A disposição do *layout* no avião também pode gerar estímulos inconscientes. Pesquisas indicam que passageiros que passam pela seção de Business Class a caminho de seus assentos na Classe Econômica têm uma experiência de viagem percebida como pior. Esse estímulo visual de "perder" o luxo aumenta em até três vezes as chances

de conflito durante o voo. Por outro lado, ao passar pela seção de Economy Premium, o passageiro se sente inclinado a fazer um *upgrade*, já que o conforto e o preço dessa classe parecem mais acessíveis e razoáveis em comparação com a Business. As companhias aéreas utilizam esse estímulo para vender assentos mais caros de forma mais eficaz, sem criar frustrações.

CAPÍTULO

# 11

# PALAVRAS FINAIS

*Todo mundo quer a vista, mas poucos querem escalar. Todos desejam os troféus, mas poucos vão ao campo de treinamento. Muitos invejam o que você tem, mas poucos se interessam em como o conseguiu.*

Este livro foi escrito com um propósito claro: ajudar assessores de investimento a exercerem seu papel de forma mais eficaz oferecendo um serviço de excelência que vá além da busca por rentabilidade, um auxílio para que possam ser profissionais mais completos e qualificados, e se transformarem em excelentes "*financial advisors*". No coração do trabalho desses profissionais está a capacidade de conhecer profundamente cada cliente e entender suas necessidades e objetivos. É essa compreensão que lhes permitem oferecer um planejamento patrimonial realmente alinhado com o que o cliente valoriza.

O mercado financeiro é complexo e está cheio de incertezas, mas uma coisa é certa: a satisfação do cliente não depende apenas de resultados imediatos, mas da qualidade do serviço que você entrega e do relacionamento que você constrói. A fórmula para o sucesso está em dedicar tempo e energia em conhecer cada cliente, entendendo suas aspirações e desafios para oferecer soluções personalizadas que gerem confiança e fidelidade a longo prazo.

A verdadeira diferença entre um bom assessor e um assessor excepcional está em como ele equilibra serviço e rentabilidade. Oferecer um atendimento personalizado, construir uma estratégia patrimonial sólida e estar presente na vida do cliente é o que realmente faz a diferença. Utilizar o cérebro do cliente a seu favor e conquistá-lo sem que ele perceba suas estratégias.

Espero que este livro tenha fornecido insights valiosos para aprimorar sua abordagem, não apenas em termos técnicos, mas também no desenvolvimento de relações mais profundas e significativas com seus clientes. Ao final do dia, é esse compromisso com o cliente que trará os melhores resultados, tanto para ele quanto para você.

O caminho para o sucesso é contínuo, mas com foco no serviço, dedicação e disciplina, o impacto que você pode causar será duradouro.

# REFERÊNCIAS


FERREIRA, Gustavo. **Gatilhos Mentais**: O guia completo com estratégias de negócios e comunicações provadas para você aplicar. 1. ed. [São Paulo]. DVS Editora. 2019.

HOUSEL, Morgan. **A Psicologia Financeira**: Lições atemporais sobre fortuna, Ganância e Felicidade. 1. ed. [S.I.]. Harper Collins. 2021

HOUSEL, Morgan. **O Mesmo de Sempre**: Um guia para o que não muda nunca. 1. ed. [S.I.]. Objetiva. 2023.

KAHNEMAN, Daniel. **Rápido e Devagar**: Duas formas de pensar. 1. Ed. Objetiva. [S.I.]. 2012.

KNAPP, Robert, **The Supernova Advisor**: *Crossing the Invisible Bridge to Exceptional Client Service and Consistent Growth. Illustrated ed. New Jersey. John Wiley & Sons. 2007.*

MCKEOWN, Greg. **Essencialismo**: A disciplina busca por menos. 1. Ed. [Rio de Janeiro]. Sextante. 2015.

SWENSEN, David. **Pioneering Portfolio Management**: *An Unconventional Approach to Institutional Investment, Fully Revised and Updated ed. [S.I.]. Free Press. 2019.*